中国大型邮轮自主设计研究丛书

国际邮轮游艇设计教育与产业协同创新

潘长学　陈　刚　总主编
张　禹　杨祥祥　主编

INTERNATIONAL
CRUISE SHIP AND YACHT
DESIGN COLLABORATIVE
INNOVATION OF
EDUCATION AND INDUSTRY

 武汉理工大学出版社
Wuhan University of Technology Press

图书在版编目（CIP）数据

国际邮轮游艇设计教育与产业协同创新／张禹，杨祥祥主编 . — 武汉：武汉理工大学出版社，2024.3
ISBN 978-7-5629-6963-1

Ⅰ . ①国… Ⅱ . ①张… Ⅲ . ①旅游船 - 船舶设计 - 研究②游艇 - 设计 - 研究 Ⅳ . ① U674.110.2 ② U674.910.2

中国国家版本馆 CIP 数据核字 (2023) 第 251306 号

项 目 负 责 人：杨　涛
责 任 编 辑：赵星星
责 任 校 对：张　晨
装 帧 设 计：张　禹
版 面 设 计：武汉鱼和田文化传播有限公司
出 版 发 行：武汉理工大学出版社
社　　　　址：武汉市洪山区珞狮路 122 号
邮　　　　编：430070
网　　　　址：http://www.wutp.com.cn
经　　　　销：各地新华书店
印　　　　刷：湖北金港彩印有限公司
开　　　　本：889mm×1194mm　1/16
印　　　　张：13.5
字　　　　数：435 千字
版　　　　次：2024 年 3 月第 1 版
印　　　　次：2024 年 3 月第 1 次印刷
定　　　　价：149.00 元（精装）

总主编介绍

丛书总主编：潘长学

　　潘长学，1988 年毕业于中央工艺美术学院（现清华大学美术学院），现任武汉理工大学人文学部学科首席教授、学部主任、博士生导师，艺术与设计学院学术委员会主任，全国设计专业学位研究生教育指导委员会委员，教育部设计学本科教学指导委员会委员，教育部普通高等学校艺术类专业考试招生指导委员会委员，中国高等教育学会设计教育专业委员会常务理事，教育部主管的国内外公开发行的期刊《设计艺术研究》主编；兼任湖北省美术家协会副主席，湖北省美学学会副会长，中国机械工程学会工业设计分委会副主任；国家一流专业建设负责人，国家人才培养试验区负责人，国家教学成果奖获得者，国家新文科改革项目负责人。

　　其主要研究现代设计系统集成理论与设计方法，长期从事设计教育、设计管理、设计理论和设计实践工作。近五年来，其推动设计学科与交通船舶、建筑材料等学科交叉融合，探讨跨行业、跨学科的设计创新人才培养新模式，为我国船舶、汽车等行业领域培养了一大批设计教育与设计领军人才，完成国家及省部级研究项目 20 余项，发表专业重要论文 50 余篇。

　　大型邮轮是移动的"海上梦幻城市"，具有天然的国际性、开放性和世界文化连通性，同时具有极高的经济合作、人文交流等多重价值。发展大型邮轮事业契合 21 世纪海上丝绸之路建设，由我国自主设计与建造的大型邮轮将成为航行在海上丝绸之路的国家名片，甚至成为我国"一带一路"建设的标志性工程。

　　2018 年潘长学研究团队主持工信部重大专项"大型邮轮美学设计技术研究"，课题主持单位武汉理工大学协同上海外高桥造船有限公司、中船邮轮科技发展有限公司、中国船舶工业集团公司第七〇八研究所、广船国际有限公司、烟台中集来福士海洋工程有限公司、清华大学、哈尔滨工程大学和上海交通大学 8 家参研单位和 26 家协同单位，努力拼搏，攻坚克难，圆满地完成了"大型邮轮美学设计技术研究"课题，通过学习、消化、吸收，掌握了大型邮轮美学设计的主题设计方法，完成了大型邮轮主题设计、建造的数字工程系统，中国文化与中国游客的消费理论，邮轮美学设计的技术工具，中国邮轮供应链与数据库建设等研究任务。

　　课题团队围绕邮轮外观设计技术研究、邮轮内装主题设计技术研究、邮轮家具设施和内装景观配置研究以及"中国风"在邮轮外观与内装中的应用等重大任务，完成了大量的主题设计方案、工程设计图纸、关键美学工艺建造基础数据库、邮轮各专项研究报告、设计指南，并发表了近百篇研究论文，获得了一大批专利和著作权，所积累的研究成果为我国掌握大型邮轮美学设计与建造关键技术并逐步实现国产化自主设计建造打下了坚实的基础。

丛书总主编：陈 刚

　　陈刚，工学博士，研究员级高级工程师，上海外高桥造船有限公司总经理，国产首制大型邮轮总设计师，长期从事船舶与海洋工程关键技术研究和装备研制，是我国船舶与海洋工程领域新一代领军人才。作为国产首制大型邮轮总设计师，他带领团队突破了大型邮轮设计建造关键设计和管理技术，建立了大型邮轮的设计建造技术体系，形成了大型邮轮设计和复杂工程管理能力，推动了大型邮轮数字化设计建造，使我国初步形成大型邮轮自主研制科技创新体系，实现了"零"的突破。他主持了我国首座深水半潜式钻井平台"海洋石油 981"的设计建造，实现了我国海洋油气资源勘探开发的跨越式发展。

　　他先后主持国家和上海市海洋工程装备及高技术船舶专项 30 余项，主持制定国际、国家标准 4 项，发表高质量论文 50 余篇，受理发明专利 72 项；获国家科技进步特等奖（单位）、二等奖各 1 项，上海市科技进步一等奖 1 项、二等奖 2 项，辛一心船舶与海洋工程科技创新突出贡献奖；入选国家"万人计划"，享受国务院特殊津贴，获科技部中青年科技创新领军人才、上海市领军人才、上海市五一劳动奖章、船舶设计大师等荣誉。

总 序

　　邮轮和游艇产业是当今世界经济发展中最具活力的产业之一。邮轮旅游以其独特的魅力成为全球游客最喜爱的体验活动之一。大型邮轮作为中国海上旅游的新兴产品，是推动我国海洋经济发展的重要内容。2018 年，交通运输部和国家发展改革委等十部委联合发布了《关于促进我国邮轮经济发展的若干意见》（以下简称《意见》），《意见》指出，到 2035 年，邮轮旅客年运输量将达 1400 万人次，国家将大力推动邮轮自主性发展。大型邮轮作为重大海洋装备，在进行本土化建造和商业化运营之后，将满足旅游市场的发展需求，推动旅游经济快速增长。中国作为世界上拥有丰富人文资源和水体资源的国家，发展邮轮旅游具有巨大的潜力和美好的前景，对提高中国人民的幸福指数，促进我国船舶制造业的转型升级，构建我国邮轮自主建造产业链以及形成自主的邮轮品牌都有极其重要的意义。

　　大型邮轮是巨型、复杂的系统工程，反映了一个国家的装备系统建造能力和综合科技水平。全力推进大型邮轮设计建造是中国船舶工业转型升级、提升"中国制造"在全球影响力的标志性工程。《中国制造 2025》把海洋工程装备及高技术船舶作为十大重点发展的领域之一，这就从国家战略层面为推动大型邮轮产业化发展，引导中国船舶工业通过学习、消化、吸收来掌握邮轮设计建造技术，以及邮轮国产化发展提供了坚实的支持。

　　2016 年，国家以政、产、学、研协同的方式推动中国邮轮产业的自主设计与自主建造工作。上海外高桥造船有限公司、招商局、广船国际先后以多种合作形式建造了从 5 万吨到 13 万吨的大型邮轮、中型邮轮、豪华客滚船、科考船，在学中干、干中学，已开始积累经验。国产第一艘 13.55 万吨的大型邮轮已下水，广船国际成为国际客滚船订单最多的船厂之一，邮轮内装的国产化已达到 90%。2022 年 8 月，第二艘国产大型邮轮在上海外高桥造船有限公司正式开工建造，标志着中国船舶领域已初步掌握大型邮轮设计建造的核心技术，自此迈入了"双轮"建造时代，国产大型邮轮批量化、系列化建造能力得到显著提升。

　　但是，中国邮轮和游艇产业的自主美学设计与建造工程还有很多问题需要我们攻克，需要开放式的、持续性的学习与自主、独立、创新的奋斗过程。邮轮是一个复杂的系统工程，邮轮的游客服务涵盖了文化、商业、饮食、娱乐、艺术等领域。邮轮内装受到较复杂因素和安全规范的约束。我国邮轮产业需要构建自主、完整、科学的工程配套体系与管理体系。邮轮是高附加值的产品，邮轮美学设计是游客邮轮体验与认知的重要内容，无论是商业要求还是产业品牌要求，传统的船舶设计建造业态都需要大的突破与重组。邮轮美学设计包含主题创意、空间功能与服务设计、空间美学与艺术造型设计、新材料与新工艺等，同时要与防火、安全、模块化建造等众多工程相配合与适应。构建一套科学、系统的邮轮美学设计管理标准是当前推动我国邮轮和游艇产业快速发展的重要命题，并将推动众多相关制造产业链快速发展。

　　邮轮和游艇产业的发展需要一大批人才，推动设计美学与船舶工程的学科交叉，培养复合型、创新型的优秀邮轮和游艇设计人才已成为中国邮轮和游艇产业发展的重要课题。

　　我们要从文化、艺术、技术、体验、消费、工程等多个方面来探讨邮轮和游艇的设计创新。设计人才应该具备多元化的素质和综合能力，能够将不同的元素融合在一起，创造出符合市场需求和人们期望的产品。但如今，中国邮轮市场运营的邮轮都来自西方,其内部空间组织系统是依据西方人的审美、行为进行设计的，与中国游客在文化观念、消费认知、行为习惯上存在巨大的文化差异与价值隔阂。西方邮轮满足不了中国游客的体验需求，因为西方邮轮缺乏中国的文化情境与空间场域，设计者也没有考虑中国人特有的生活方式，以及当下面向老龄化人群的社会关怀与健康养生体验需求。因此，我们需要在文化解析的基础上，研究中国消费文化，通过多学科交叉的研究方法，提升中国邮轮自主设计能力，洞察中国游客消费行为与邮轮空间及其结构的关系，提出中国大型邮轮的设计研究范式。

我们要推进中国邮轮和游艇产业的绿色建造，实现可持续发展。绿色建造不仅可以减少对环境的影响，还可以提高邮轮和游艇的能源利用效率，以降低成本。设计人才应该具备绿色建造的基本概念和认知，能够将环保理念融入设计中，并与制造和配套企业合作，推动中国邮轮和游艇产业的绿色发展。

为了实现以上目标，需要建立全球邮轮和游艇学习与产业协作共享平台，搭建设计产业协作平台，推动中国邮轮和游艇设计教育与产业协同发展。武汉理工大学可以成为中国邮轮和游艇产业设计创新人才培养的重要平台。国内外的邮轮和游艇设计教育院校、设计机构、制造和配套企业的专家和学者应该共同探讨如何更好地推动中国邮轮和游艇产业的发展，通过交流经验和分享设计成果，推动中国邮轮和游艇产业的创新发展。同时，需要加强邮轮和游艇产业与其他相关产业的合作，推动资源共享和协同发展。邮轮和游艇产业涉及诸多领域，如旅游业、航运业、建筑业等。与这些产业的合作可以促进技术和经验的交流，推动产业链的协同发展，为中国邮轮和游艇产业提供更多的支持和保障。

邮轮和游艇产业的可持续发展需要政府的政策支持。政府应该为邮轮和游艇产业制定更加完善的产业政策和相关法规，同时加强对海上交通安全法、国际海洋法等法律法规的学习和理解，加大对邮轮和游艇产业的资金投入和税收优惠力度，为中国邮轮和游艇产业提供更好的发展环境和条件。

中国作为世界上拥有丰富人文资源和水体资源的国家，极有潜力成为未来世界邮轮和游艇产业发展的领军者。邮轮和游艇产业的设计创新人才培养、绿色建造、产业协同发展以及政府政策支持都是实现中国邮轮和游艇产业可持续发展的关键因素。我们相信，在各方共同努力下，中国邮轮和游艇产业的未来将会更加光明和美好。

2021年，在邮轮产业大发展的背景下，武汉理工大学、清华大学、中船邮轮科技发展有限公司、上海外高桥造船有限公司等发起国际邮轮和游艇设计教育与产业协作平台高峰论坛，在这次论坛上，来自中国、意大利、美国、德国、日本等国的学者、造船专家、运营专家共同就大型邮轮设计、建造、产业发展等问题进行探讨。同时，面向未来中国邮轮和游艇产业的需求，他们还探讨了邮轮和游艇设计创新人才培养方法和知识体系，为培养专门人才，推动中国邮轮和游艇产业可持续发展打下了良好的基础。

本次论坛得到了中船邮轮科技发展有限公司、上海外高桥造船有限公司的大力支持，在此一并表示感谢。

2023 年 9 月 20 日

目录

关于为中国市场设计大型邮轮的一些见解

毛里齐奥·塞尔戈尔

毛里齐奥·塞尔戈尔（意大利），意大利芬坎蒂尼
首席邮轮设计师兼市场营销和新概念发展部部长，
1981 年获得意大利的里雅斯特大学造船与海洋工
程专业荣誉学位，1982 年获得 Costanzi 奖项。

　　大家好，我是毛里齐奥·塞尔戈尔，现在在芬坎蒂尼集团工作，是一名舰船设计师和造船师，接下来我将分享在中国市场设计大型邮轮的一些看法。

　　芬坎蒂尼始创于 1780 年，是一家位于的里雅斯特的意大利造船公司，也是一家拥有悠久历史的高度全球化的造船集团，2008—2018 年，全球 1 万总吨以上的邮轮建造订单中，芬坎蒂尼占据了近 50%，位居世界第一。

　　芬坎蒂尼是世界上最大的造船集团之一，专门从事大型邮轮的设计和建造，并在欧洲海军军舰等高科技造船领域占有一席之地。目前，芬坎蒂尼在全球四大洲拥有约 20 家船厂，有超过两万名员工。

　　芬坎蒂尼除了建造各种类型的船舶之外，还会涉及海洋系统、船舶内饰及船舶基础设施等。在建造豪华邮轮方面，会针对市场上各个细分领域生产各类邮轮，从豪华精品邮轮到高级邮轮，再到大众化轻奢邮轮，满足邮轮船东的各种需求。

　　芬坎蒂尼集团在船舶建造方面如此出色，是因为在全球范围内拥有一个灵活的生产网络。该生产网络具备高度的灵活性，可以在全球范围内使用资源，为客户制定或执行项目，拥有强大和卓越的系统集成能力，这对于建造复杂的邮轮非常重要。芬坎蒂尼在技术上也一直处于领先地位，并且致力于邮轮的研究和开发。

　　邮轮建造是一项非常复杂的任务，需要不断应对复杂的挑战。其中需要掌握两个最重要的武器：知识和经验。爱因斯坦曾说过，知识的唯一来源就是经验。所以，需要通过大量实践来积累知识。

Shipbuilding		Main products	Key clients	Revenues 2020(1)	Backlog(2)
Shipbuilding	Cruise	• All cruise ships: 　– Luxury/Niche(3) 　– Upper Premium 　– Premium 　– Contemporary	CARNIVAL (4)　MCLH (5)　SILVERSEA VIKING　POY HART　MSC CRUISES TUI Cruises　PONANT	€3,281 m 50.1%	€23,072 m (67 ships)
Shipbuilding	Naval	• All surface vessels (also stealth) • Support & Special vessels • Submarines	Italian Navy and Coast Guard　US Navy　Qatar Emiri Naval Forces United Arab Emirates Navy　Algerian Navy　Indian Navy	€1,938 m 29.6%	€23,072 m (67 ships)
Shipbuilding	Other	• Similar businesses to our core ones where we operate opportunistically (e.g. Mega Yachts, Ferries...)		€7 m　0.1%	
Offshore & Specialized Vessels		• OSV • Fishery • Ferries • Offshore wind • OPV • Special vessels	DOF　ISLAND OFFSHORE'S　SOLSTAD OFFSHORE ASA Prysmian Group　BOREAL TRANSPORT　TOPAZ TRANSPETRO　Technip　FINNSTRO	€389 m 5.9%	€995 m (25 ships)
Equipment, Systems & Services		• Marine systems, components & turnkey solutions • Ship interiors • Naval services • Ship repairs & conversion • Infrastructures	Italian Navy and Coast Guard　GRIMALDI LINES　MSC United Arab Emirates Navy　WINDSTAR CRUISES　US Navy Carnival　Qatar Emiri Naval Forces　ROYAL CARIBBEAN	€937 m 14.3%	€3,515 m

邮轮项目之所以是最困难的项目之一，原因有很多。邮轮项目需要根据客户的特殊需求进行定制，并可能需要编写 1000 多页的文档来描述。其中一个非常困难的过程是在各种约束条件下实现机器的不同设计功能、不同的客户期望以及协调不同的分包商，还要遵守使用法规等。时间就是金钱。因此项目的时间约束非常紧迫。例如，建造一艘 15 万吨的邮轮可能需要 40 个月或更长时间，这对经济的限制非常大，因为在如此长的时间内很容易超支。

为了克服任务的复杂性，需要为客户提供一个独特的界面，以整合所有功能、规划、采购和生产，并引导他们实现共同目标。需要建立一个多学科的监督体系，采用不同的方法进行监控，以确保在指定的时间内按照预算完成工作，同时控制风险并将其转化为机会。

让我们看看在中国建造邮轮的主要挑战。对于中国邮轮建造行业来说，存在着一些基本的挑战因素，即工程能力、可靠供应链和生产能力。这些都是中国邮轮建造业需要面对的重要挑战，其中，工程能力是生产大型邮轮必须

满足的要求，比如建造一艘大型邮轮，可能需要完成超过 800 项工程的生产图纸的制作，这需要超过 3000 多个小时的设计工时，也就是 70 万个人力工时。

建造一艘船至少需要 500 个不同且非常可靠的供应商，不要忘记，这不像一艘普通的船，其价值超过 90% 来自于分包商。实际上，邮轮的建造约 30% 是由船厂自备的人力完成，其余的安装工作则由外部人力完成，至少在西方船厂的组织中是这样。但这不仅仅是与供应商达成一笔好交易的问题，供应商必须拥有一个良好的本地组织，并能及时提供相应产品。邮轮建造是一个高度专业化的领域，对于初创企业来说，与供应商建立某种形式的合作关系至关重要。

邮轮有着非常复杂的系统，就像一个拥有 6500 多人的城市，所以生产能力十分重要。中国的造船厂必须提供许多建造所需的设施，并且还要组织生产，有效协调所有活动并监控其过程，因此项目管理工具也非常重要。

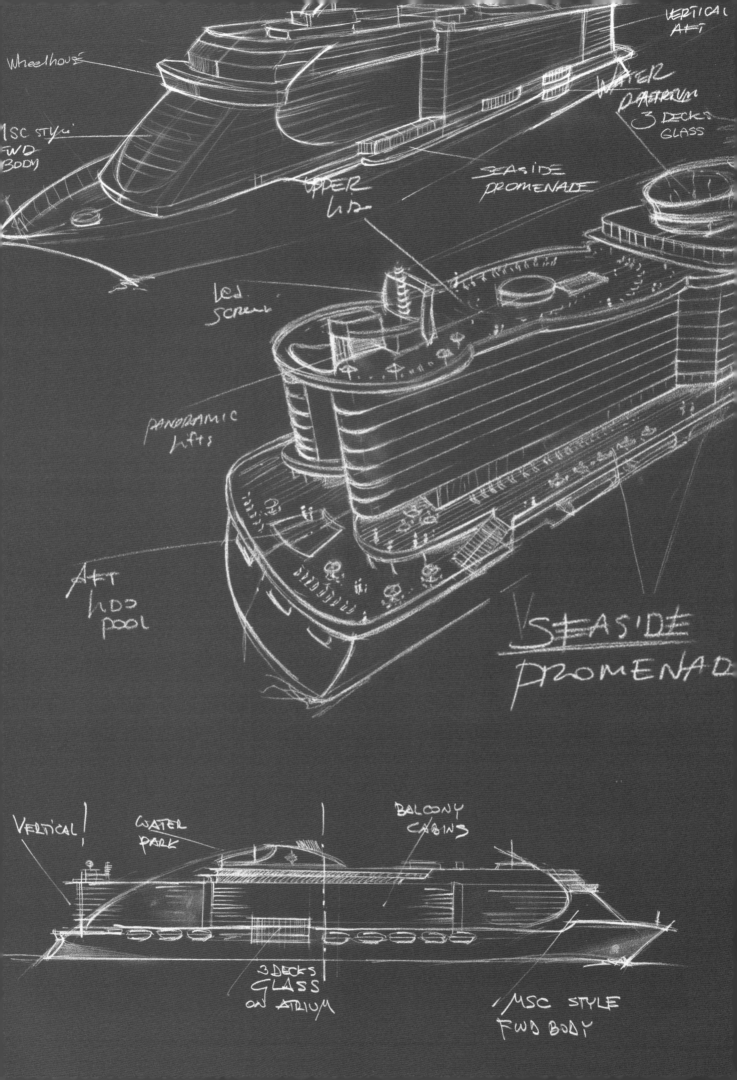

Wheelhouse

MSC STYLE
FWD
BODY

UPPER
LIDO

LED
SCREEN

PANORAMIC
LIFTS

AFT
LIDO
POOL

VERTICAL
AFT

WATER
PLATFORM
3 DECKS
GLASS

SEASIDE
PROMENADE

SEASIDE
PROMENADE

VERTICAL!

WATER
PARK

BALCONY
CABINS

3 DECKS
GLASS
ON ATRIUM

MSC STYLE
FWD BODY

HIGH FLEXIBILITY: PRODUCT CUSTOMIZATION

Owner's concept

DESIGN OF A CRUISE SHIP

Shipyard dream

Owner inputs

Guidelines e.g.:
- # of cabins/ passengers
- Speed
- Operative profile
- ...

Basic design

- General arrangement plan
- Mid-ship section
- Ship specification
- ...

Functional design

- Keel design
- Static / Dynamic calculations
- Plants design
- Structure dimensioning
- Technical specifications for

Coordination and shop drawings

- Hull construction drawings
- Installation plans
- ...

在谈论硬件之前，让我们详细讨论一下设计。我所说的硬件，是指船厂建造的船舶。在设计之前，设计师必须研究软件，也就是中国文化和社会。

为什么中国人选择乘坐邮轮旅行？人们喜欢乘坐邮轮旅行，很可能是因为这是一种轻松浪漫的方式，能够体验奢华生活并获得自由与休闲的感觉，在海外旅行时还可以购物，参加各种展览、会议。

中国的邮轮市场与西方的非常不同。首先是人口结构不同。在中国邮轮乘客中，35 岁以下的年轻人占大多数，家庭出游也很普遍。而北美和欧洲的乘客平均年龄较大，在 50 岁到 60 岁之间。其次，航行时间也非常不同。因为中国人的假期相对较短，所以航行时间也会做相应调整。最后，船舶的运营方式也非常不同。因为在中国市场，冬季无法转移船只，所以必须提供一艘能够全年在中国进行巡航的船只。当你开始设计邮轮时，必须清楚地定义自己的设计对应的细分市场，了解不同世代、多种族乘客在船上的需求，以便适应不同的运营区域，提供不同类型的服务，以及确定乘客与工作人员的比例等。

设计邮轮时还有一点非常重要，那就是，乘船是一种情感体验，处于海洋环境中，乘客应始终感受到海洋的存在。它不仅是一个陆地购物中心或酒店的翻版，还是一种时髦的现代建筑。它是一艘不同寻常的船，随着船只位置

西餐通常只在异国情调的
体验中受到欢迎，而对于
正餐来说，提供中餐会更
合适。

的改变，周围的景色也在变化。最重要的是，船只只是整个乘船体验中的一个部分，其他部分来自于船上所有员工的努力。

根据我的经验和近几年对中国市场的研究，我认为一艘理想的中国邮轮应该减少沙滩空间，因为中国人不喜欢待在沙滩上。为了应对冬季和恶劣天气，建议在游泳池上方设置滑动玻璃顶，或者提供较大的室内运动场所。可以配置不同大小、不同类型和不同气候的舱房，包括带有阳台的舱房、带有互联门的适合家庭的大型连通房，还有为 VIP 乘客提供的舒适套房。当然，室内装饰应该是现代的、国际化的、优雅的。

另外，餐饮也有相当大的不同。中国人吃得很早，也吃得很快，午餐和晚餐通常是最重要的餐点，所以需要不同的操作布局。中国人不喜欢排长队打自助餐。西餐通常只在异国情调的体验中受到欢迎，而对于正餐来说，提供中餐会更合适。酒吧很多，但也许在中国的邮轮上不需要这么多的酒吧饮品，因为中国人通常不会在酒吧喝很多酒。而在西方国家非常流行的水疗中心，可能不是中国邮轮必需的设施。

在中国邮轮上需要提供高层级的服务。富人很自豪，喜欢展示他们的优越性。他们会花钱来获取最好的服务，所以你必须提供七星级、十一星级甚至更高级别的服务，给他们一个不同的空间。

接下来我将介绍几艘具有地方特色的豪华邮轮，包括公主邮轮旗下的船只、维珍公司交付的一艘新船，以及一家非常受欢迎的新公司在热那亚建造的一艘非常漂亮的船只。另外，还有一艘非常不错的船是七海深航（Seven Seas Splendor Regent），该船在该地区是一艘较小的船只。它的吨位较小，仅 55000 吨，但非常豪华，面向市场的顶级客户。

我在 2012 年为这艘船绘制了一些草图，希望打造一艘设计和布局非常独特的船。我加入了一些很棒的设计元素，其中一些是创新性的，比如，在船上设计了玻璃桥，可以让人欣赏到船上壮丽的景色；设计了两部非常漂亮的玻璃电梯，可以连接下层甲板和上层甲板。这些创意都得到了船东的认可，最终建造了它。

GALLEY
EXAUST

PAX
SUITES

BREATHTAKING!
BRIDGE!

GLASS
ELEVATORS

MSC

MSC SEASIDE

　　这艘船被命名为 MSC 海岸线号 (MSC Seaside)。它有一艘姐妹船是 MSC Seashore，已经交付了。所以，你可以看到从一张草图到设计出真实的模型，再到最终建造出船的过程。最令人印象深刻的是，草图是 2012 年绘制的，合同签署于 2014 年，然后在 2015 年 6 月动工，不到 30 个月的时间，这艘船就交付了。

　　虽然游艇和邮轮的装配和装饰过程有相似之处，但基本设计理念完全不同，包括技术和工程方面，比如流体力学、设备布置等。另外，建造规模也是完全不可比较的。

　　邮轮的复杂性相当大，需要定期检查。邮轮是一项巨大的投资，而且需要获得良好的效益，因此船只的形状与功能相关，不能一味追求风格，相对于设计方面，商业方面则更为重要。特别是对于能够容纳较多乘客、公共空间比较大的船只，容量和速度是需要考虑的重要因素。因此，船只是一个非常复杂的技术对象，不仅仅是为了满足个体的享乐，更重要的是公司需要获得投资回报。

　　设计一艘船最重要的影响因素是客舱数量，这个数量一旦确定，整个设计进程就开始了，客舱数量是设计的起点。当然，这意味着你需要更深入地了解客舱的大小与整体设计的关系。只是提醒大家，如今的邮轮业非常注重不同的驱动因素。

　　另外，安全性也是十分重要的，因为人类生命是船上最宝贵的财产。环境可持续性是当今非常重要的问题，涉及能源效率、温室效应、碳排放和绿色技术等。最后，总结一下我的演讲：成功的关键始终是创新，尤其是在船舶这个行业。

中国邮轮行业未来十五年发展趋势研判

刘淄楠

在邮轮建造中，设计是整个邮轮产业链中非常重要的环节。目前我国在设计和建造方面并没有参与国际大分工，因为我国在这方面的能力是比较缺失的，而这一环节是价值链中价值比较高的部分。

邮轮产业整个价值链的源头是邮轮游客。没有邮轮游客，整个产业链都是无本之源，是不可能存在的。如何让一个国家产生邮轮游客呢？那就需要有邮轮公司等有作为的市场开拓者。特别是一个国家以前没有邮轮市场，需要有人打开这个市场，那就需要有开拓者，需要有邮轮公司在该国的母港部署邮轮。

中国的消费者可以坐飞机到海外去坐海外的邮轮，比如地中海、加勒比海、阿拉斯加州、大洋洲等地区的邮轮，但是这一部分的业务量应该是比较小的。如果我们要做成一个超大市场，并且充分利用中国超大客源市场，就要开辟母港市场，也就是说，需要让国际邮轮公司到中国来部署邮轮，在中国的天津、上海、广州、深圳、香港这些城市部署。

所谓母港，就是邮轮航线的起始港。刚刚说邮轮产业价值链的源头是邮轮游客，而邮轮游客的出现需要邮轮公司到这个国家的母港来部署邮轮，但邮轮公司部署邮轮后，需要运力驱动这个市场。并不是邮轮公司到这个国家的母港部署邮轮以后，这个市场就可以马上出现了，邮轮公司要有盈利，如果没有盈利，就会撤走。

邻国日本 2019 年的人均 GDP 约为 4 万美元，我们只有约 1 万美元，但是日本的邮轮市场只有我们的 1/10。2019 年，我们的母港邮轮市场是每年 200 万人次，日本只有 20 万人次。日本发展了近四十年，经济起飞要比我们更早一些，但是邮轮市场还是没有发展起来。因此，邮轮市场并不一定在一个人口大国就可以发展起来。日本也算人口大国，2019 年日本人口数量约 1.27 亿，世界排名第 11 位，是世界上为数不多的人口数量上亿的国家，而且日本

刘淄楠，博士，皇家加勒比邮轮集团全球高级副总裁、亚洲区主席。

很早就进入了第二大邮轮经济体的行列，但是并没有发展起来。一个重要的原因就是，一个国家想要把邮轮市场做大，人口规模以及消费者可支配的收入水平只是一个必要条件，它还需要一些充分必要条件，也就是要有一些有作为的开拓者来打开这个市场，来创造这个需求。根据产品生命周期理论，当这个产品在初期的时候，是需要供给方创造需求的。

从 2006 年开始，在改革开放政策的不断推进下，国际邮轮行业开始涌入中国市场，皇家加勒比在过去 13 年（过去 15 年中有两年我们是处于停航状态的，所以实际为 13 年）一直在开拓中国市场，希望把中国邮轮市场做大。也就是说，在 2006 年之前，没有国际邮轮在中国的沿海港口部署母港邮轮，都只是把中国的港口作为访问港，仅一年零星的几次长途航线国际邮轮停靠访问中国港口。那时候不能称为邮轮经济，只有形成母港市场以后，这个国家才变成了国际邮轮公司的战略市场，才可能会出现所谓的邮轮经济。"邮轮经济"是我今天讲的一个关键词。

皇家加勒比集团下面有五大品牌，其中一个品牌叫作

皇家加勒比国际邮轮，目前在中国所有国际邮轮品牌中排名第一，是在消费者中影响力最大的一个品牌。我是 2009 年加入皇家加勒比的，是品牌的领导人之一，我们用了 13 年的时间把这个品牌在中国做起来，同时皇家加勒比也成为中国邮轮市场的一个推手。

那么我们是怎么把市场做起来的呢？我们过去 13 年做的一件事情，就是在中国建立了一个超大度假邮轮市场。在邮轮的吨位计算方面，世界上邮轮的平均吨位是 10 万吨，所以 10 万吨以上的称为超大邮轮，5 万 ~10 万吨称为中型邮轮，1 万 ~5 万吨是小型邮轮。我们认为中小型邮轮不足以打开中国邮轮市场，事实证明，只有超大邮轮才能打开中国邮轮市场。

皇家加勒比在中国引进的第一艘船是海洋神话号。2008 年皇家加勒比开始进入中国市场，当时公司派遣了一艘海洋航行者号，总吨位是 7 万吨，从上海外滩国际邮轮码头起航，但是杨浦大桥的限净高是 50 米，导致船进不来。然后在第二年，也就是我加入皇家加勒比的第一年，公司总

部在这里部署了海洋神话号，吨位是 6.9 万吨，只能勉强从杨浦大桥过来，成功停靠在上海外高桥邮轮码头。关于中国邮轮过去十几年的历史，我曾写过一本书，由作家出版社出版，吴晓波等人推荐，书名叫《大洋上的绿洲——中国游轮这 10 年》，书中讲述了国际邮轮 50 年的发展简史，以及中国邮轮 10 年的发展历史，大家有兴趣可以去看一看。

海洋神话号在上海外滩登陆成功以后，我们称之为"诺曼底登陆"，2008 年我们则称之为"敦刻尔克"之年，因为登陆是不成功的。事实上，海洋神话号是我们团队里最小的船，勉强能在当时中国第一个专业化邮轮码头登陆。由此可见，设计是非常重要的，一个小参数搞错，整件事情就会面临失败。几年以后，上海市政府在吴淞口重新建立了一个目前中国最大的国际邮轮码头，也是亚洲第一、全球第四的邮轮码头。

我们看出来，中国邮轮市场不是中小型邮轮市场，而是一个超大的度假邮轮市场。为什么这么说？因为我们沿海的目的地是日本和韩国，我们的目的地并不丰富，不像加勒比海，航线非常丰富，比如南加勒比航线、北加勒比航线、东加勒比航线、西加勒比航线，有很好的目的地资源。但是中国的自然禀赋资源并没有那么丰富，要想邮轮产品对消费者产生吸引力，邮轮本身的娱乐设施、餐饮设施就要非常健全，邮轮必须是一个超大的度假胜地，这就需要进行专门的定制化设计。

我们看准了中国这样一个超大的度假邮轮市场，从 2009 年海洋神话号进入中国以后，便马不停蹄地分别在 2012 年、2013 年引进了海洋航行者系列的两艘船——海洋航行者号和海洋水手号，这两艘船的总吨位均为 13.8 万吨，是海洋神话号的两倍，当时的媒体纷纷报道"中国超

前进入大船时代"。

在 2015 年和 2016 年，我们又分别引进了 16.8 万吨的邮轮——海洋量子号和海洋战略号，我们称之为量子系列，希望量子系列带动中国邮轮实现"量子飞跃"。皇家加勒比是一家追求不断创新、不断提升产品量级的邮轮公司，2019 年我们也引进了超量子系列海洋光谱号，也非常成功。

我们在两年间，在法国大西洋上建造了世界上最大的邮轮——海洋奇迹号，它是绿洲系列的第五艘船，比之前的四艘姐妹船吨位都要大，总吨位有 22.7 万吨，游客和船员加起来有上万人。这艘船在 2021 年 5 月份的新品发布仪式上受到了上海市政府的高度重视，副市长亲临现场。

过去的 15 年，中国邮轮市场从无到有，年均增长率达 52%，这个增长率是非常高的，呈指数式增长，一直到 2019 年。中国要进入这个行业，甚至成为邮轮建造大国，与邮轮行业的发展前景密切相关。这个行业有前景，我们设计专业才可以大有作为。这就引出了我今天的主题——中国邮轮市场的发展前景，对未来 15 年发展趋势的研判。

邮轮经济的形成有三个要素：一是时空边界。当我们说到邮轮经济时，它一定是世界上某一个地区的，比方说长江三角洲邮轮经济、中国邮轮经济、亚洲邮轮经济、亚太邮轮经济，或者说全世界的邮轮经济，它是有一个物理边界的。同时，邮轮经济价值是有一个时间范围的，比如在一年里邮轮产业对我们界定的这个地区的贡献是多少。

二是必须有一个增长源。这就涉及我讲的产业链、价值链，价值链的起点就是客人，没有游客，什么都没有，没有游客就没有船，没有船就没有邮轮港，没有邮轮港，就没有供应链，没有产业链，也不会谈到邮轮建造、邮轮设计。

　　在 2006 年之前，我们不会想到，在中国，邮轮是一个前景非常好的产业，对经济贡献会很大，我们不会想到在中国建造邮轮。应该说过去 15 年，国际邮轮公司不仅打开了市场，而且使得中国邮轮产业初具规模，我们有了几个邮轮产业群落：邮轮游客和船员的消费群落；为消费者服务的群落；经营群落，就是国际邮轮公司建立的邮轮总部，包括现在的中资公司，它有经营权，要做市场营销，要为邮轮的运营提供各种支持，这是一个庞大的群落；还有跟大家密切相关的第 4 个群落——制造设计服务群落。

　　过去 15 年，我们的邮轮发展是非常辉煌的，让国人看到，中国的邮轮市场是可以做大的。这件事情在很多国家都没有实现，世界上可称为邮轮大国的没有几个，但是现在国际邮轮行业看到了，我们中国人自己也看到了，中国是可以成为一个邮轮大国的，而且知道怎样可以把这个产业做大。

　　三是乘数效应。所谓乘数效应，是指邮轮的经济贡献，不仅有直接贡献——直接的就业、直接的收入、直接的税收，它还会带动一系列产业，受益的不仅是港口、船供、邮轮公司，还包括一系列国民经济。在邮轮产业的带动下，形成一个内循环，带动农业、制造业、建筑业、零售业、批发业、服务业等一系列产业。

　　我们对比欧美邮轮经济来看中国的邮轮经济。为什么要看欧美邮轮经济？因为现在世界上第一大、第二大邮轮市场分别是北美邮轮市场和欧洲邮轮市场，第三大市场是亚太邮轮市场。亚太邮轮市场是一个新兴的市场，它的出现就是因为中国邮轮市场的出现，但是亚太邮轮市场规模现在只是欧洲邮轮市场的一半，而欧洲邮轮市场又是北美邮轮市场规模的一半，基本上形成了一个等比数列。所以看欧美邮轮市场、邮轮经济的一些大概数字，可以预测中国邮轮市场的发展前景。

2019 年北美邮轮的游客达 1379 万人次。在美国登船的邮轮游客，包括美国人和从海外到美国来坐船来的，从海外到美国坐船的游客大约占 1/3，绝大多数是美国本土的居民。北美邮轮市场对美国经济的贡献相当于 1634 亿元，因为有乘数效应，还有间接贡献，加起来总体的经济贡献是 3604 亿元，这是 2019 年北美的情况。

我们再来看欧洲，欧洲市场游客只有 650 万人次，但是其邮轮经济的体量跟美国是比肩的，直接经济贡献是 1497 亿元，总体经济贡献是 3640 亿元。为什么？

我们来看看美国邮轮经济的结构，美国邮轮经济构成中，约 20% 来自游客和船员的消费，80% 来自总部经济。国际邮轮公司的集团总部部署在美国迈阿密，总部经济中雇员的开支占很大的一部分。船上的食品及易耗品，也是一个很大的体量。然后就是港口的费用等。以上加起来是 80%。这些就是美国邮轮经济的构成。

我们再来看欧洲邮轮经济的构成，除了上面讲的部分，有一部分是美国没有的，就是船舶的维修和建造。为什么欧洲的邮轮市场规模只有美国的一半，但是它的邮轮经济的体量能与美国比肩？有一个非常重要的原因，当然不是唯一原因，就是全世界的豪华邮轮建造企业主要集中在欧洲。从 100 多年前邮轮出现的那天起，邮轮的设计和建造就是欧洲人的天下。但我相信，经过我们的努力，再过 10 年，甚至 20 年，中国在邮轮建造和设计领域也会占有一席之地。现在中船集团已经开始进入这个行业，开始做这个事情。从以上数据我们可以看出，一个国家的邮轮产业对国家经济的贡献度有两个决定因素，一个是市场规模，一个是邮轮经济的结构。

刚才讲的是美国的邮轮经济和欧洲的邮轮经济，那么中国邮轮经济的体量到底有多大？2019 年中国母港邮轮的航次是 735 个，从中国母港登船走国际邮轮航线的达

199.3 万人次，比中国邮轮市场最高峰——2017 年的 243 万人次要低一点，但是邮轮经济的发展是一个波幅式前进的过程，它总是有上有下的，这是中国邮轮市场的规模。2019 中国邮轮经济年直接经济贡献是 140 亿元，总体经济贡献是 358 亿元，就业薪酬 116 亿元，就业人数达 6.7 万。

目前中国邮轮经济的三大构成中，33% 来自游客和船员的消费，27% 来自船舶维修和船舶的港务税费，40% 是国际邮轮公司在中国总部的经济开支。另外，我们已经开始在中国做船舶维修，中国可以成为亚太地区的船舶维修基地、制造基地、设计中心，这样就可以慢慢形成邮轮经

第三大市场是亚太邮轮市场。亚太邮轮市场是一个新兴的市场，它的出现就是因为中国邮轮市场的出现。

济的乘数效应，受益的将不仅是邮轮公司、港口、船舶供应商，消费者也会受益。由于产业链的效应，受益会遍布农业、制造业、建筑业、批发零售业、交通运输业、金融和商业服务业以及政府服务业等。

那么未来 15 年中国邮轮经济的前景是什么？中国的邮轮市场能否像过去 15 年那样继续健康和高速发展？过去 15 年是每年 52% 的平均增长率。这里的依据是国家交通运输部和国家发展改革委等十部委在 2018 年联合出台的《关于促进我国邮轮经济发展的若干意见》。该《意见》对中国邮轮市场在 2035 年的规模做了一个预期，这个预期是经过经济测算的，根据中国消费者可支配收入的水平和增长情况，以及中国市场的渗透率，推算出中国邮轮市场在 2035 年将达到 1400 万人次，也就是要达到 2019 年北美邮轮市场的规模，达到欧洲邮轮市场规模的两倍以上。这个目标能否达到？可能每个人都会有不同的观点，我说一个实质性的问题，如果按现在这样的规模增长，从 2022 年 200 万人次的规模保障增长到 2035 年的 1400 万人次，那就要

求每年的邮轮市场增长率达到 18% 左右，这 18% 是过去 15 年年平均增长率的 1/3 左右，从这一点来说，这并不是一个不可实现的目标。

我就是按照这个思路来对中国邮轮经济的前景做预判。中国邮轮经济可以有两种增长，一种就是按市场竞争的力量自然增长。在竞争市场，供应商等市场主体有足够的动因去不断改进自己的服务，所以邮轮行业的技术更新速度非常快，十年前的邮轮技术跟现在比完全是两码事。邮轮公司有资金，而且邮轮公司之间的竞争力非常大，这两个因素决定了邮轮公司有动力也有能力去不断创新。其中，皇家加勒比一直保持着创新的热情，是目前全球邮轮行业的领军者。

邮轮行业是一个需要开放的行业，我们今天讲的内循环，是一定要与外循环互相促进的。邮轮行业如果把门关起来，就不能发展。根据交通运输部等 2035 年达到 1400 万人次的研判，那么在中国邮轮母港登船的国际游客，也就是从北美洲、欧洲、大洋洲地区及亚洲其他国家飞到中国来乘

坐邮轮的游客比例将占 30%，那个时候将达到 420 万人次。皇家加勒比一直在不断提升在中国母港登船的国际游客比例，目前的比例是 6%~10%。

为什么要做入境游？第一个原因是虽然中国的邮轮市场足够大，可以 100% 都是中国游客，但是邮轮是一个国际化的产品，要创造一个国际化的环境，就需要有来自不同国家的游客。国际化的环境会提升中国游客的体验，也是很多人乘坐国际邮轮的一个重要原因。

第二个原因体现在对中国邮轮经济的贡献，对中国入境游的贡献。如果按照高质量的入境游去发展，到 2035 年，邮轮产业对中国经济的直接贡献可以达到 2000 亿元，总体经济贡献达到 5370 亿元，这超过了北美洲和欧洲。

那么如何优化邮轮经济结构？第一，应该提高入境游客的比例；第二，要推进邮轮建造和维修的本土化，包括设计；第三，要增能总部经济，要深化改革开放政策，欢迎国

际邮轮公司继续在中国建立和扩大邮轮总部经济；第四，提高游客境内的人均消费水平，现在消费市场还有很大的提升空间；第五，推动船供采购的本土化。

沿着高质量发展路径走下去的话，2035 年前景会是怎么样呢？2019 年欧洲和北美洲的邮轮经济总量都在 3600 亿元左右，我们到 2035 年可以达到 5370 亿元，当然这只是一个预期。过去 15 年让我们看到，遵循一个正确的路径，中国邮轮市场是可以做大的，邮轮经济是可以做大的，有一天我们是可以比肩欧美经济的，但是这里只是一个展望。

总之，邮轮行业是一个新兴行业，而且是一个供给创造需求的行业。中国的消费者有经济实力，但是不一定会花钱来购买邮轮产品，只有能提供超越预期体验的邮轮产品，才会被消费者选择。所以从这个方面来讲，就是供给创造需求，供给引领需求。从邮轮设计的角度来说，消费者喜欢什么样的船，什么样的船才能卖出更多的船票，消费者不会告诉你，必须自己去想。比如皇家加勒比在船上的设施设计，有中央公园、皇家大道、中庭、跳台等，这些东西并不是消费者说出来的，消费者最喜欢的是最不像邮轮的邮轮。这就需要设计师从这句话当中去揣摩，然后不断地创新，创造出惊艳的邮轮设计作品。

基于安全的大型邮轮总布置设计

李嘉宁

本次汇报分成两个部分，第一部分简单谈一谈大型邮轮总布置的特点。邮轮上的总布置可以简单划分成两部分，一部分是船，另一部分是酒店娱乐，也就是我们通常所说的 Platform 和 Brand，即平台和品牌。船的部分是我们船舶工程师相对来说比较熟悉的，包括动力系统、推进系统、消防系统、航行系统、导航系统、压载水舱等，整个船体细分后加起来要超过 100 个小系统。当然，与常规货船相比，大型邮轮上的系统非常复杂，由于邮轮要为数千名乘客服务，所以邮轮上的造水系统、垃圾处理系统以及污水处理系统等已经由量变产生了质变，这和只有二三十名船员的传统货船上的小型系统是完全不同的。而酒店娱乐部分是我们船厂所不熟悉的，工程项目上，一般采用交钥匙工程（Turnkey Project）模式来联合多个总包商共同完成这部分工作。所谓"交钥匙工程"，并不是说最后到项目快要结束时去收一把钥匙就可以了，这其中涉及很多非常复杂的界面分工，包括水平方向上各个区域、各个总包商之间的界面，垂直方向上的背景工程、装饰工程之间的界面，这些都是非常复杂的。我们目前在处理这些复杂工程界面的分配上，还是遇到了很多问题，同时也在不断地解决问题。

李嘉宁，上海外高桥造船有限公司开发部副部长，高级工程师。

◆ 机械处所主要布置在舱壁甲板以下的区域   ◆ 船员活动区域集中布置
◆ 航行中装载量变化较大的液舱布置在中间区域   ◆ 乘客公共区域集中布置
◆ 船员活动区域与乘客活动区域隔离布置   ◆ 乘客居住区域集中布置

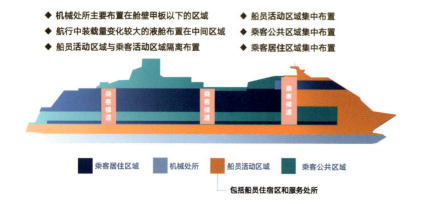

乘客居住区域   机械处所   船员活动区域   乘客公共区域

包括船员住宿区和服务处所

- 中庭商店
- 青少年中心
- 棋牌室
- 艺术长廊
- 散步长廊
- 照片画廊
- 水上乐园
- 健身房
- SPA

- 花园餐厅
- 啤酒花园
- 啤酒厂
- 长廊酒吧
- 泳池酒吧
- 水上乐园酒吧
- 俱乐部酒吧

- 船首主餐厅
- 船尾主餐厅
- 火锅餐厅
- 牛排餐厅
- 四川餐厅
- 铁板烧餐厅

套房	19 间
小型套房	14 间
阳台房	962 间
标准海景房	59 间
豪华海景房	213 间
标准内舱房	833 间
ADA海景房	13 间
ADA内舱房	5 间
ADA专用套房	1 间
ADA专用阳台房	6 间
船员舱室	701 间

　　邮轮的区域划分是一件比较复杂的事情，出于不同目的，可以把全船分成非常多的区域，而且不同的分法会产生不同的结果。在项目执行过程中，从设计出图的角度，我们会把全船分成32个区域；从安装调试的角度，我们又会把全船分成315个区域；从完工报验角度，为了更准确地做好完工管理，我们甚至把全船分成5000多个区域；单纯从公共区域总包商来说，我们又把全船分成14个不同的功能区给总包商去负责。因此，深刻理解邮轮总布置及其背后的工程逻辑，并根据不同的需要进行合理分区，是把整个复杂工程项目做好的关键。

　　今天，我介绍一个最简单的分类原则，就是将其分为五大类，分别是乘客居住区域、乘客公共区域、机械处所、船员活动区域和乘客梯道。这五大区域其实也有一定的布置原则，从总布置设计的角度来讲，我们会把乘客居住区域、乘客公共区域、船员活动区域集中布置。当然，这几大区域之间有比较明显的界限，尤其是船员活动区域和乘客活动区域有明显的隔离布置，通常情况下乘客无法到达船员活动区。机械处所主要布置在舱壁甲板以下，实际上也是船员活动区，但由于机械处所的特殊性，在设计规范上有很多特殊要求，因此我们在这里也把它单独归类。

　　简单举例，全船最核心的系统之一——推进系统，它包括燃油输送、发电、配电、推进器等。油舱以及滑油舱布置在双层底内，前后两组分别布置在两个主竖区内，通过前后分油机流入不同油

舱上方 C 甲板的主发电机组。主发电机组按照"3+2"配置，分别置于前后两个机舱内，通过 A 甲板前后配置的主配电板输送至全船，其中总装机功率中有一半都是用于推进的，用于推进的电力就会继续输出到 0 甲板的 Azipod 推进器上，Azipod 推进器再通过左右来分隔，进行 1 : 1 的备份。

废物处理系统也是全船非常重要的系统。刚才已经提到了，因为全船要能够承担将近 6000 人的衣食住行，所以整艘船的废物处理系统是非常庞大的。全船产生的垃圾统一收集在 0 甲板的垃圾处理间，再从 0 甲板经过粉碎处理后，直接落入下方的焚烧炉进行焚烧处理。这是餐饮服务的路线，船上的餐饮食材统一储存在 0 甲板的仓储区域，通过专用电梯运输到正上方 3 甲板的厨房中，经过烹饪、调制后，分别就近送往附近的餐厅。尾部餐厅实际上是一个两层结构，为了便于服务人员送餐，餐厅内部也设置有手扶电梯，服务人员可以通过电梯前往餐厅二层送餐。

前面简单讲了几个船上较大且分布较广的系统，而关于客房，大家也知道客房类型非常多，在客房中唯独阳台房的比例能作为邮轮设计的一个重要指标，实际上最核心的原因就是阳台房的盈利能力最强，这里有一个表格可以对比看出来。另外，无论是在哪一艘邮轮的技术规格书上，我们都能找到一句话：设计人员要尽最大可能减少空间浪费。在总布置设计过程中尽可能多地设置客房，如果空间不足就退而求其次，设置储藏室或者储物柜，这也是从事总布置设计的工程技术人员的最大准则之一。

实际上，由于邮轮上乘客很多，除了需要考虑到乘客年龄层次分布很广，乘客来自不同国家、不同地区等情况外，我们还需要照顾到一些特殊群体，比如残障人士。针对这些特殊人群，邮轮总布置也进行了专门的设计，住舱区域和公共区域要充分考虑残障人士的行动和使用便利，包括专门设置残障人士居住的无障碍舱室，在走廊和公共区域设置专门的轮椅转向区域，在公共区域准备好轮椅停放区，以及设计残障人士使用的专用卫生间等，这些都是需要充分去考虑的。

第二部分汇报一下安全因素在邮轮总布置设计中的体现。首先，大家都知道船舶需要满足稳性要求，这也是船舶安全要求的最基本保证。大型邮轮在完整稳性上和破损稳性上都面临着极大挑战。大家可能听过，在最新的SOLAS2020 破舱稳性（SOLAS 全称为 International

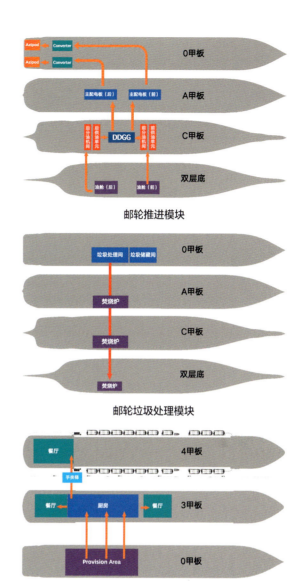

邮轮推进模块

邮轮垃圾处理模块

邮轮餐饮模块

convention for safety of life at sea，即《国际海上人命安全公约》）刚刚生效的时候，当时世界上所有的大型邮轮中没有一艘可以满足新规范的要求，从这一点就可以看出整个稳性规范和法则对于大型邮轮设计的影响和重要性。为什么邮轮稳性对邮轮影响如此之大？其因素有很多，最直观的就是和普通货船相比，大型邮轮的受风面积非常大。将邮轮和普通货船进行比较，如果散货船所受到的风倾力矩（相对值）是 1，那么传统的油船就是 1.08，基本上和散货船差不多，而大型邮轮就是 10.5，可以说是呈数量级的增长。

为了提升邮轮稳性，在总布置设计过程中我们需要做很多事情，其中之一可以从这个图上看出来，我们会在船的舱壁甲板以下，尤其是双层底里设计许多水密分隔舱。这些水密分隔舱非常有讲究，并不是单纯分割成一个个小

的水密舱室，因为如果全部设计成一个个小盒子，一旦船任意一侧的某个舱受损进水，那么随着船体的进水，有可能会造成横倾增大，进而会有倾覆的危险。所以，我们在双层底里面还设置了若干左右连通的对称型舱室，像字母 C 一样的 C 形水舱。

除了在舱壁甲板以下做这些特殊设计外，在舱壁甲板以上，为了防止雨水或者海浪倒灌引起稳性不足，在二甲板上这些位置较低的乘客舱室的阳台房中，不仅要设置正常的阳台门，还必须额外安装大量的风雨密门。所谓风雨密门，就是在特殊时候，如天气非常差，有暴雨，或是海况非常差，海浪很容易上浪的时候，需要把风雨密门全部关上，确保海水和雨水不会倒灌，保证船舶的安全。

另外还有一个更加直观、与安全息息相关的方面就是邮轮防火。在邮轮上会运用非常多的材料，虽然实际在设计选材的过程中，规范和法规已经极大地限制了我们对邮轮的选材，但在此情况下依旧不可避免地需要用到很多具有可燃属性的家具和装饰板。同时，我们船上有很多大型剧院、餐厅、赌场等场所，这样复杂的结构，聚集的人群，各种各样的机械设施以及装饰物都可能为火灾的蔓延提供潜在环境，所以火灾对于大型邮轮来讲是一个需要重点防范的事件。为了控制火灾风险，在总布置设计时会通过设置不同等级的防火舱壁，将全船分隔成不同区域，其根本目的就是要将火灾控制在一定范围内，抑制火灾蔓延，这就是我们所说的被动防火。被动防火，从字面上理解，就是船设计好后不再需要人为去做任何事情来控制火灾，由于在设计上进行了考虑，那么这样的邮轮天生就具备一定防火属性。

被动防火在现在的总布置设计中是需要高度重视和重点考虑的。其实被动防火的底层逻辑是层层递进的，于是也就产生了大家都听过的"主竖区"的概念。我们通过防火级别最高的 A60 级防火分隔，把全船分成若干个主竖区域，通常来说，每个主竖区长度不能超过 48 米，面积不能超过 1600 平方米。既然有了主竖区，实际上也有"主横区"的概念。当然由于现在邮轮设计的理念和习惯，主横区可能见得不多，但是在个别邮轮尤其是一些豪华客滚船上，可以经常见到一些主横区的设置，其主要目的是通过主横区来将上建区域和下面机械处所分隔开，来保证上建的安全。因为像客滚船或者一些特殊邮轮，它的机械处所可能会放置一些易燃物资，尤其是客滚船装载的一些汽车，车内都有燃油，那么就可以通过设置主横区来与上建区域绝对隔开，保证安全。

刚才讲到被动防火是层层递进的，是把全船划分为几大主竖区后，还要在主竖区内进行进一步的防火分隔，这时

候的分隔依据就是主竖区内不同舱室发生火灾的概率。实际上这些内容在 SOLAS 里已经全部都考虑到了，SOLAS 把全船的所有处所按照发生火灾的可能性大小分成 14 类，并且基于这 14 类，规定每相邻两个处所之间的舱壁或者甲板应该采用什么样的防火等级。通过这种方式就在主竖区内进行了进一步的防火分隔。当单一处所发生火灾时，尽可能把它控制在一定范围内。全船的被动防火设计，通过这样层层递进的方式，以较高的概率将火灾控制在一定范围内。

简单讲一讲主动防火。主动防火实际上是通过设置灭火装置进行灭火，有固定式灭火器和移动式灭火器两类。灭火装置的选择是和船上的布置有紧密联系的。针对电气设备间、冷库、系泊甲板、起居处所等不同区域，都是需要采用不同主动灭火方式的。比如冷库，因为里面温度比较低，如果用常规的水喷淋去灭火就非常容易出现凝结的情况，灭火效果会大打折扣，这时候就要采用乙二醇灭火系统。对于电气设备间起火，如果用水喷淋去灭火的话，很有可能导致整个电气设备的损坏，所以我们通常会采用二氧化碳灭火系统进行灭火。现在有的船东也会有一些顾虑，比如邮轮上船员和乘客非常多，二氧化碳灭火虽然可以保护船上的电气设备，但是万一出现某种情况，在人员全部撤离处所之前就释放二氧化碳的话，就会给人的生命安全造成极大危害。所以

有些船东会有顾虑，认为在邮轮上不要采用二氧化碳灭火系统。但对于电气设备间而言还是要使用灭火系统的，这时我们就会对灭火系统做一些设置，比如使用预作用灭火系统。在日常状态下，处所内的消防管里不注水，这是防止发生意外情况时消防管破裂，水流出来损坏电气设备。但是当发生火情时，防火系统就会立刻启动，可以在非常短的时间内将消防管的水注满并进行进一步的灭火操作。开敞甲板的防火应该采用甲板消防和雨布灭火系统，尤其是雨布灭火系统，它不会受到船的外部甲板上大风大浪的环境影响，灭火效果非常好。

讲完消防，再来讲一下通道安全和人员疏散安全。一般情况下，大家选择登上邮轮旅游的时候，每次会选择不同邮轮，比如我今年上过这艘，明年可能想换一艘，这是游客的一种正常心态。当然这也会造成一个结果，就是一般情况下，每艘邮轮对于每位乘客而言都是全新的，面对这种十几层甲板的复杂建成区域，他们很难熟悉全船的路线和布置。在这种相对陌生的环境下，一旦有事故发生，人们往往由于紧张不可避免地产生恐慌心理，很多乘客甚至会头晕，因而无法做出有效判断。这对人员疏散造成了极大的困难。另外，邮轮上人数众多，而且年龄分布很广，不同性别、不同年龄段人员的移动速度相差较大，这些都给船上总布置设计时的

一些通道设计，尤其是疏散、撤离的通道设计带来很大挑战。

在做邮轮总布置设计时，我们还必须充分考虑到疏散过程中的安全问题。我们不可以对乘客提更高要求，因为首先环境对他来说是陌生的，其次他也不是训练有素的人员，那么要提升邮轮安全性就只有通过更加合理的通道路径设计来实现。我们的主要目的是使船上人员能够迅速、安全地撤离到集合站，并从集合站有序地前往救生艇和救生筏所在的登船区域。大量经验表明，总布置设计时集中布置功能区域能够增强人员通行的便利性，比如集中布置乘客居住区域、公共区域、娱乐区域以及船员区域，这样的集中布置对于整个疏散安排和设计也有好处。

关于逃生通道的总布置设计要求，在舱壁甲板以上，每一个主竖区或类似的限界处所都应至少设有两条脱险通道，其中应至少有一条通往形成垂直脱险通道的梯道；在舱壁甲板以下，每个水密舱室或者类似的限界处所应设有两条脱险通道，其中应至少有一条有独立水密门。逃生路线的设计有许多原则，也是最需要总结和遵循明确原则的设计。比如，不能从厨房这种高风险的地方逃生后进入梯道，然后再从梯道进入高风险地方。因为梯道是逃生主要通道，这里发生火灾的概率非常低。也不允许从梯道进入机修间，然后再从机修间进入集合站，因为这意味着从低风险的梯道又重新进入高风险的机修间。在进行组织设计的时候，都要遵循这样的路线原则。基于此我们也延伸出一个总布置设计的经验，就是高失火等级的区域（如刚才提到的厨房，它属于二类区域），通常情况下不会直接将它与梯道相连，而会设置一个门廊进行过渡，这样就保证在逃生路线上较少出现上述情况。

一般大型公共区域在正常情况下是娱乐休闲的地方，而在紧急情况下则作为集合站使用。同时，对于集合站的面积和所容纳人数也有明确规范和要求，根据 SOLAS 要求，集合站人均净面积不得小于 0.35 平方米。

大型邮轮上空间非常复杂，各种路径也非常多，那么如何来评价我们这艘邮轮的通道设计是否满足要求呢？SOLAS 规范提出了明确的方法。对于新建邮轮和客滚船，需要进行高级疏散撤离计算来验证通道设计的可行性。简单来说，就是乘客在客舱或公共区域娱乐时，从他接收到逃生指令到做出反应的时间，以及他从所在位置逃向集合站的移动时间，这两个时间之和的 1.25 倍作为第一部分的时间。而他从集合站前往救生艇，登上救生艇的时间，再加上从救

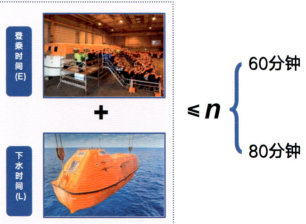

生艇装载完毕下水的时间，这部分时间的 2/3 作为第二部分的时间。这两部分时间加起来的总和不能超过 60 分钟或者 80 分钟。具体时间取决于船的大小，如果是一艘不超过 3 个主竖区的船，那么就是 60 分钟；如果是一艘超过 3 个主竖区的船，则这两部分时间加起来就不能超过 80 分钟。

60 分钟和 80 分钟标准怎么来的呢？大家应该都听过"安全返港"这个概念，它的出发点就是"船舶本身就是最好的救生艇"，一旦发生事故，最好不要停泊在原地等待救援，因为首先会让人感觉到很绝望、很无奈，其次我们如果能靠自己就不要靠别人，这是一个最基本的道理，所以也就有了安全返港的要求。从规范的角度来说，就是当船舶发生事故时，如果事故的严重程度可控，比如火灾、漏水、进水等事故，要把它控制在一定的范围之内，对船上其他的一些重要系统不要产生影响。通常来讲，在发生可控事故时，邮轮有"13+1"个系统能保持正常工作，而且在这些系统正常工作的情况下，船舶能以不低于 6 节的航速自行返回到最近港口，也就充当了自己的救生艇。如果事故的严重程度不可控，已经超出船舶设计所能控制的范围时，那么会要求船上有 6 个至关重要的核心系统，可以坚持工作 3 小时，以保证所有乘客和船员登上救生艇撤离。所以我在想，这里的 3 小时和疏散撤离使用的 80 分钟相比，多出了 100 分钟，可能从设计角度和应对不确定性角度来讲，还有 100 分钟时间作为应急余量。

这里罗列了安全返港所提到的"13+1"个系统和 6 个核心系统，这些需要进行冗余设计的系统，我没有全部描述出来。在进行系统设计的时候，除了需要搞清楚哪些系统要设计以外，在总布置设计时还需要把整个机械处所分成 A、B 两个区域。从原则上来说，如果发生事故，A、B 两个区域中至少有一个区域可以保持正常运转。要实现这个目的，除了刚才

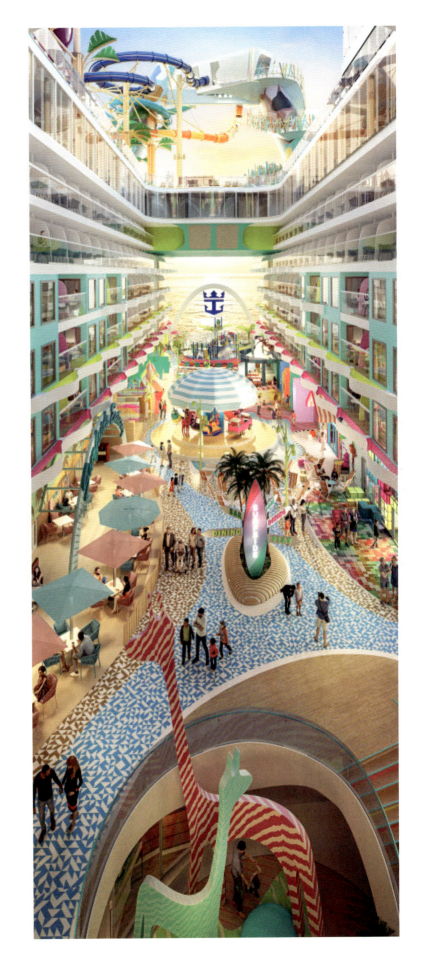

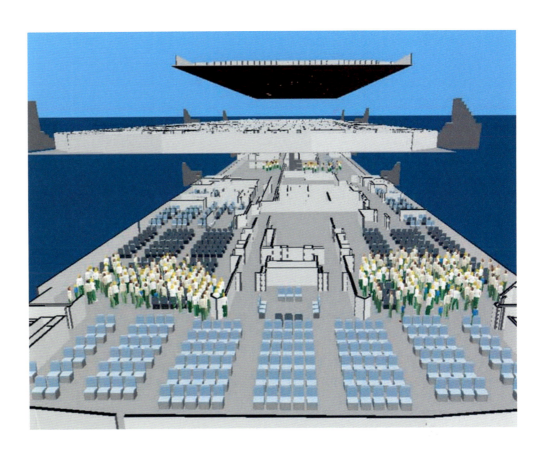

　　提到的那些重要系统，其实还有一些系统需要在 A、B 两个区域等效备份，也就是 A 区有的 B 区也要有，B 区有的 A 区也要有，这样互为备份。但有些设计如管系和电缆无法如此，因为有些属于 A 区的管系和电缆一定要穿越 B 区，这些设计就必须采用额外保护措施，来确保当 B 区发生事故和损坏时，穿越 B 区但却用于 A 区的管系和电缆仍然能正常工作。

　　拿我们船上的机舱举例，这是一个典型的大型前后机舱冗余布置的例子，因为这里只是机舱，所以并没有把刚才所说的 13 个系统全部体现出来，但与推进相关的系统、舱室基本都在。可以看到，油舱、非油机间、蒸汽系统、冷却系统等都是前后双机舱备份的，中间则用 A60 等级的防火分隔开。此外，在进行总布置设计时还需要统筹考虑两个安全区域，以我们的国产邮轮举例，从图中可以看到，全船共有 6 个主竖区，在 1 号和 2 号主竖区发生事故时，就使用安全区域 1；在 3 号、4 号、5 号、6 号主竖区发生事故时，就使用安全区域 2。同样，船上是有医疗处所的，医疗处所实际上在船的首部，为此我们也在三甲板的尾部设置了临时的可替代医疗处所的区域。

　　总体来说，大型邮轮的总布置设计是一个非常复杂的技术工作，从某种意义上来讲，整个大型邮轮的总布置可以看成一个超复杂的多函数的优化过程，基本上很难找到最优解。只能是每一艘船根据船东和运营方的不同要求，侧重于某一方面进行总布置的优化设计。今天仅仅是从邮轮的安全角度做了一个简单分享，实际上总布置设计要考虑的因素还有很多。

大型邮轮餐饮空间样舱设计 　　设计：潘长学 　　时间：2023 年

大型邮轮儿童游乐中心设计　　设计：潘长学　　时间：2023 年

意大利邮轮游艇设计教育

西尔维娅·皮亚迪

西尔维娅·皮亚迪（意大利），米兰理工大学名誉教授，清华大学荣誉客座教授，前米兰理工大学设计学院院长，前 CUID 设计协会主席。

我来自意大利，是米兰理工大学设计学教授，所讲授的课程包括空间设计、邮轮游艇设计。在我读书的时候，我就非常喜欢航海，后来我也成为一名邮轮游艇设计师。

我所生活的国家意大利有非常多的设计行业，并且我们有非常悠久的手工技艺培养历史，意大利的造船就是其中非常重要的一个方面。意大利有超过 1300 个造船公司，到 2019 年，市场交易额就已经超过了 100 亿欧元。并且从全世界来说，意大利造船行业排名第五，德国排名第二。2020 年，造船行业在意大利出口经济占比中排名第二。2020 年年底我们的交易额超过了 110 亿欧元，这就意味着我们在年底的时候实现了 9.9% 的年均增长率。

意大利米兰拥有非常多的造船厂，还有邮轮公司、设计工作室、专业设计师。我想为大家介绍一下米兰理工大学设计学院非常重要的三个项目。目前设计学院培养的学生超过 5000 名，平均每年有 100 多名学生参与到邮轮游艇设计学习中。向大家介绍的第一个项目是专业硕士项目，该项目也是由米兰理工大学设计学院开发的。目前该专业硕士项目的研究方向是邮轮和游艇设计领域，这是和中方同事共同推进的。第二个项目是在另外一个校区运作，专注于教

目前该专业硕士项目的研究方向是邮轮和游艇设计领域，这是和中方同事共同推进的。

授学生游艇邮轮美学设计，这也是一个非常重要的硕士项目，正和意大利另一所大学联合办学。第三个项目是空间设计的学习，这是针对本科三年级的项目，同样也非常重要。我们每年在邮轮和游艇设计领域培训的学生超过 400 名。我们设计专业在过去的 20 年中，每年会有 25 名毕业生走向市场。并且在过去的 15 年中，我们和意大利的另一所大学每年共同培养 40 名毕业生，那么意味着每年共培养出 60 多名新设计师。在过去的 5 年中有超过 300 名毕业生投身邮轮和游艇设计行业，这些设计师都受过系统性、专业性技能

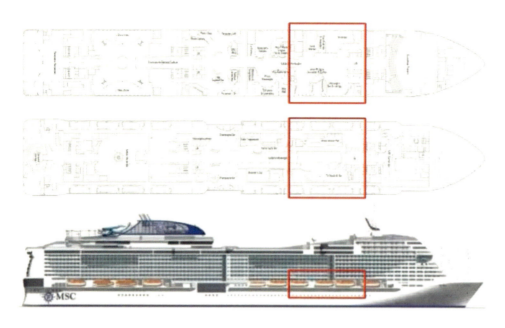

培训。有的设计师目前在意大利工作，还有的在国际设计集团工作，新鲜设计力量的加入改变了世界上邮轮和游艇设计行业的面貌。目前中国邮轮和游艇设计师并不多，但是在意大利，这样的设计师非常多。

现在来看一下课程体系设计，共有三个不同的课程类型：第一类是理论和方法，包括一些讲授设计原则、方法、理论的课程；第二类是历史文化方面的课程；第三类是设计工具和技术的课程，包括绘图和建模等。第三类课程主要是专业化的训练，有近 200 个课时，准确来讲，是 192 个课时，其中包括游艇室内设计、海上设备及驱动系统设计、商业策划课等。除此之外，我们还邀请全球范围内享有盛名、经验丰富的一些行业工作者，参与游艇设计课程的讲授。并且我们还有出海实践和设计实验室的项目，实验室的活动有 30 个学时，学生会去很多造船厂进行参观学习，还会参加国际性的设计师会见活动。在全球范围内有 83 家公司加入到我们的

教学活动中。从理念到设计、建模再到最后的产生，整个教学过程十分注重理论与设计实践的结合。

第二个项目是我和同事一起在设计学院开发出来的，通过和意大利另一所大学联合办学，我们将两所大学的优势专业结合，取得了很好的效果。我们的学生来自于全球很多国家，大部分来自于意大利，我们会充分发挥学生的特长、优势。来自意大利的大多数学生对于邮轮和游艇设计流程以及原材料准备都有基本的认知。此外，学院会组织一些设计体验活动，还有意大利和美国之间的联合办学，学院还会与一些工作室合作。

我们有一个船舶动力设计实验室，学生会在实验室内进行一些设计活动，包括邮轮和游艇设计竞赛，还有个人设计活动等。室内设计的课程中，比较有名的是邮轮室内空间设计课程。每年我们都会在学校举办邮轮和游艇设计竞赛，所有的学生都可以参加。这对于学习邮轮室内

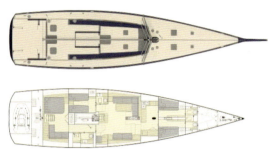

设计的学生来说非常重要。除了比赛之外，学生会在第三年进行论文撰写，共有 300 个学时，最终会形成 70 页左右的论文。每年我们邮轮室内设计的项目都有很多设计作品产出，有些好的设计作品在专家指导下会进一步深化。学生还会在邮轮旅游体验中做设计，并与用户互动，这样的教学过程就是以实际参观和实践为主导。

我们的设计教学与历史文化有着非常紧密的联系，在当代艺术设计课程中，我们会邀请意大利的艺术家、非常著名的船舶设计师共同参与课程讲授。今年的任务是能够再出一些新颖的设计方案，为邮轮空间设计提供新思路。比如，针对年轻群体能够开发出一些新的活动区域，如公共散步区域；能够融入环境可持续发展理念，不断对功能进行创新。

可见，在邮轮室内空间设计上，我们的教学项目有明显的优点。我们不断与意大利本土设计行业的优势进行结合，延续我们的工匠传统，并且和非常著名的设计师有紧密联系。我们的教学团队包括科研人员和造船业的工程师。我们的教学内容主要围绕理论、方法，还有历史文化课程、工具及技能类课程，还有不同从业人员为学生进行专业讲学。无论是科研人员、专业设计师、企业专家，都会和学校建立紧密的联系，并受邀为我们的学生教学，从而强化学生的设计能力，以及对原材料、技术的理解。

客滚船：
一种快捷式休闲空间的塑造

何光伟

何光伟，中国船舶广船国际有限公司
副总工程师。

滚装船是在汽车轮渡的基础上发展演变而来的。自 1958 年美国建造第一艘滚装船后，该船在北欧发展应用较多，世界海运发达国家也在使用。客滚船有多层甲板便于货运单元布置，造型特殊，上甲板为平整板面，既没有舱口，也没有起重设备。各甲板间设有斜坡道或升降平台互相连通，用于车辆通行，车辆通过船上的首门、尾门或舷门的跳板开进开出。

客滚船的商业可行性在很大程度上取决于地理因素。目前，国际客滚船运输主要集中在波罗的海、北海、地中海地区以及日本列岛之间和美国沿海地区。对我国而言，目前我国的客滚船运输形成了以渤海湾为中心的渤海湾客滚运输市场、以琼州海峡为中心的南海客滚运输市场、以杭州湾为中心的东海客滚运输市场，以及以长江为中心的川江客滚运输市场。全球客滚船船东多集中在欧洲地区。（图 1）

与渡轮相比，客滚船的航程更长。最显著的表现就是：渡轮通常只为旅客提供坐席；而客滚船不仅提供普通坐席和客舱，还会提供同豪华邮轮一样标准的房间，会设置影院、商场、餐厅等娱乐休闲设施。因此，从外观上看，客滚船的上建范围会大得多。

与客滚船运输旅客和车辆不同，邮轮以在船上娱乐和停靠地观光游览为目的，内部设有供乘客生活使用的一切设施，能够满足乘客舒适、奢华的要求，并且一般内设各式各样的娱乐设施，包括健身房、游泳池、大型剧院等。邮轮一般不装载车辆，因此也没有尾门、坡道等滚装设备。

现代客滚船常用于短程快捷式的旅行、通行、通勤、当地生活用品补给等用途，随着乘客对高质量通行需求的提高，客滚船越来越注重其快捷性和舒适性，具备交通与休闲的双重属性。为实现其快捷性和舒适性，在设计中需要重点考虑和处理好客滚船的设计空间边界条件、上建功能空间和布局、内装艺术设计风格和特点、内装材料与建造工艺等方面的要求。

1　现代客滚船的设计空间边界条件

1.1　设计空间与营运地基础设施的融入

现代客滚船常用于短程快捷式的旅行、通行、通勤、当地生活用品补给等，其航线和营运的客滚船常被当成当地的一种基础设施，是当地居民生活的一部分。因而客滚船的设计空间首先要融入当地的基础设施和环境。

客滚船必须是一种灵活的设计，滚装处所能够根据路线和季节来应对不同的货运和乘用车组合。为了最大限度地提高其运作效率，船上的设备需要迅速调整以适应货物组合的变化，以便有效地利用货物空间，并实现货物和乘客在最短的时间内装卸和上下（图2）。

1.2　与生活习惯匹配的航班特性时空融合融入

根据运营路线以及停靠的港口的不同，客滚船的航程时间也有不同，但一般而言，类似航空航线有黄金航班时间一样，乘客都有类似朝发夕至或者夕发朝至的需要，便于乘客接续活动的安排。因而客滚船相对邮轮而言，其航速相对较高并且有一定的动力富裕。Gotland 航运公司营运的从瑞典本土 Oskarshamn 港口到 Gotland 岛的 Visby

图1　某客滚船营运的码头模型

图2　基于营运码头模型的客滚船滚装通道设计

图 3　Nynashamn 港口

图 4　较高推进功率下的螺旋桨引发的空泡

港口再到本土的 Nynashamn 港口的航线（图 3），每段航程约 80 海里，需要完成朝发午至以及午发夕至的航班，除了进出港和装卸的时间，航行时间要控制在 3 小时左右，导致营运该航线的客滚船的服务航速达到 26 节。

相对较高的航速导致的技术困难是：较高推进功率的螺旋桨的激振力将传递到船体上，并将影响上建的舒适性（图 4、图 5）。因此，客滚船的快捷性要求以及舒适性要求是一个互为边界条件的设计约束，是在打造客滚船的快捷式休闲空间时需要首先考虑和解决的问题。

1.3　稳性要求和安全要求制约下的上建空间设计条件

滚装船的特点是装卸效率高、船舶周转快和水陆直达

联运方便。相比邮轮和普通客船，客滚船在上建的下方有数层车辆甲板。这个贯穿全船长度、有数层甲板的车辆舱，是一个有特殊失火风险的处所，使得全船的防火分隔、消防、逃生等要求更高，从而制约了乘客可自由活动的空间；同时车辆甲板空间占据和推高了上建处所的空间位置，导致全船重心高，稳性较差；横格舱壁少而影响抗沉性，甲板的强度也受到影响。为了满足稳性和安全性的要求，上建的层数相对较少，而且难以构建如邮轮那样多的特异结构和跃层结构空间，类似大平层结构为其主要的结构特征。

2　现代客滚船上建功能空间和布局

由于客滚船有固定航线，航程不会太长，一般在 1 天

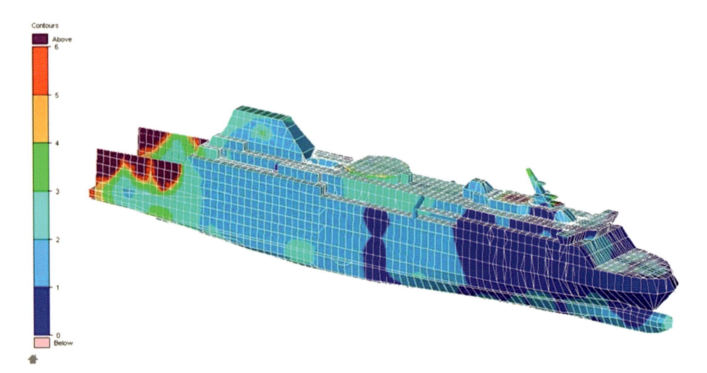

图 5　较高推进功率下的螺旋桨激振力引发的船舶振动

之内，兼顾了差旅、旅游出行、货物运输的功能，因此在乘客活动空间布置与功能设定上与邮轮有所不同。

客滚船的空间在垂直方向上从下至上大致分为机械处所、车辆舱处所、上建处所（图6）。其中上建处所主要分为乘客舱室处所、公共区域处所、船员处所和驾驶处所。

为达到快捷式休闲的目的，对比同等尺度的中型或小型邮轮，现代客滚船的上建空间布局更突出以下特点：

（1）高效流线。通过相似功能空间集中、舱室走廊和公共区走道尽可能不起折线、上建区相对均匀地分布梯道和电梯等空间布局手法，帮助乘客快速识别功能场所并到达目的场所，减少移动的焦虑感和时间，为休闲创造必要的时空条件。

（2）高效利用空间。相对邮轮，客滚船上建空间较小，且客滚船的二次消费能力较弱，为提高单位空间的乘客承载能力，提升客滚船的营运经济性，需要在满足一定的舒适性要求的前提下，高效利用上建空间。设计中主要通过相同或相关功能集中布置，无跨层跃层设计，内部分隔以正交的直线为主、曲线为辅，加大采光和照明以增加视觉空间等手段，实现客滚船上建空间的高效利用。由于航程时间不长，因此乘客舱室一般以2~4人间为主，面积为10平方米左右（含小型卫生间），上下铺设置。上铺设置为折叠型或升降型，方便白天的时候乘客可以坐在舱室内休息。部分船型相邻舱室间设置门，根据功能需求可两个或多个舱室组成一个家庭间。除特殊船型外，一般不设置阳台（图7、图8）。

公共区域会根据航线的情况进行设置，一般包括航空坐席区、餐厅、休闲吧、酒吧、门厅、走廊、公共梯道等。餐厅一般以快餐、简餐或者自助餐为主，酒吧一般以休闲吧为主，不会设置太多的舞台和表演空间。

在特殊空间上，现代客滚船也越来越注重人性化空间的设计，如儿童及幼儿活动娱乐区、残障人士的公共空间、母婴公共空间、宠物寄存空间、可携带宠物的公共休息吧等。

现代客滚船上建区域按照功能可以划分为旅客居住区、餐饮区、休闲区、购物娱乐区、服务功能区、船员区等。在总体的布置上，所有功能区域的划分和布置都需要遵循法规和规范的规定，同时满足整体性、多样性、以人为本的设计原则。

客滚船与邮轮不同，客滚船只是人在旅途中的一个过程而不是目的地。现代人生活节奏快，由陆地繁忙的工作或

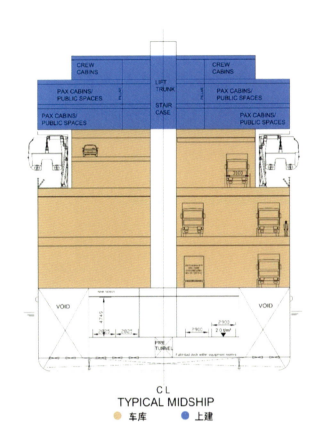

图6　某中型客滚船垂直空间示意图

者疲惫的旅途转入较长时间的船舶航行旅途，当初登船的新奇感和兴奋散去后，很容易转入身体和心理都较为疲惫的状态。同时由于船舶性质的不同，现代客滚船的公共空间占比相较于豪华邮轮而言较少，主要的公共空间以餐饮空间、休闲空间和购物空间为主。因此，现代客滚船的上建空间的构造和设计都强调轻松、简洁、明快的休闲特点。

在公共空间构造上，除了户外的游步甲板，将公共空间集中布置在一层或两层上建甲板上是客滚船公共空间的主要布置特点。同时，补充体力和轻松地享用餐饮是快捷式休闲首要考虑的因素，因此餐饮空间成为客滚船最为重要的一个公共区域，在公共空间内需优先布置，通常会利用景观、采光和内部通行最好的区域空间。餐饮空间是由多个功能区域共同构成的经营场所，要合理配置空间、提高空间利用率，关键在于区域面积比例的优化。在现代客滚船上，餐饮空间的布置常常围绕着主厨房进行。主厨房在船上的位置需综合考虑结构防火、通风、给排水、船舶冷库布置及船舶装卸货方案、安全返港分析等各种因素来确定。大多数情况下沿船舶中心线方向进行布置，宽度占

图 7 以阳台房为主的中型邮轮舱室布局

图 8 以高空间利用率为主的大型客滚船舱室布局

图 9 某中型邮轮多核多流线布局的公共区域

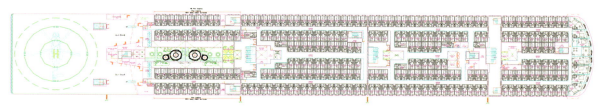

图 10 某大型客滚船以餐饮为主要功能的主纵向流线的公共区域

船宽的 1/3~1/2。在主餐厅的区域定位上，考虑到主餐厅的就餐承载力和就餐环境，通常把主餐厅布置在船首位置，上建第一个主竖区，通常占据一整个主竖区，宽度方面占用全部船宽。在主餐厅的中央布置配餐间，配餐间与主厨房之间可采用前后关系或上下关系（图9、图10）。

设计线路时应尽量把服务人员和乘客分开，同时在功能空间转换处处理好路线转换的衔接点，尽量把服务的路径控制在最短的范围内，提高服务效率，同时保证所有功能的连通顺畅。如主配餐间与主厨房之间的连通，根据前后布置和上下布置的不同，分别采用防火双开门和服务电梯的方式完成交通布置。

除了餐饮空间外，休闲空间和购物空间也是现代客滚船的重要公共空间。休闲空间和购物空间通常围绕餐饮空间进行延伸布置，船舶通常针对不同的旅客配置多种不同的休闲空间和购物空间，例如带吧台的咖啡厅、运动吧、中式茶座、带小型演出舞台的播放轻柔背景音乐的休息厅、便于观景的游步甲板休息厅、超市或免税店等，这些公共空间在高端豪华客滚船上的布局，充分体现了多样性这一原则。

3 现代客滚船室内设计艺术风格和特点

3.1 客滚船室内设计的特点

由于滚装处所的存在，客滚船相对于其他船舶在重量及重心控制、稳性、防火、撤离疏散、舒适性等方面有更高的要求，同时，上述因素也会影响到船舶内装设计和室内艺术风格，做室内设计时应充分考虑船舶功能、安全、舒适和美观等因素。

客滚船室内设计是一门综合性很强的学科，涉及船舶工程、建筑学、美术、心理学等多个领域的知识和技能，这是一项综合性的设计工程，是船舶设计中最丰富、最灵活、最能发挥人的创造性的内容，是所有设计中直接与人相关的部分。它包含舱室内部空间的风格，视觉环境的再创造，室内各种家具的布置，内部声环境和光环境的协调和再创造，不同类型乘客和船员交通流线处理，不同场所的装饰风格和手法。由于客滚船兼具人员运输和旅游功能，内部环境的好坏直接影响到人的心理和生理的变化，因此室内艺术设计也是评价船舶内在质量的主要指标之一。

现代人生活节奏快、压力大，客滚船作为差旅或者出游的一个可以临时休息的移动工具，在做室内艺术设计的时候也需要考虑到乘客的生理和心理需求，需要营造一个

优雅、清新、宁静、宽敞、明亮的空间来消除工作和旅途的疲惫感，使乘客感受到轻松和自由，获得舒适和愉悦的旅行体验。

客滚船面向不同的客户群体，需要有一定的个性化和差异化，因此室内艺术设计应根据不同的航线和市场，结合航线的历史和风情，展现出不同的文化特色和故事情节，增强乘客的参与感和记忆度。在不同的功能空间既要做到内在的统一性和关联性，又要有不同的元素突出，从而突出空间的差异性和趣味性。

在做客滚船室内艺术设计的时候也应考虑到外部环境因素，如船舶的造型、外部的海洋环境、海岸线环境及码头等。

3.2 室内设计艺术风格分类

风格即风度品格，体现室内艺术设计创作中的艺术特征和个性。风格是不同时期思想碰撞的结果，具有强烈的地域特色。一种典型风格的形成，通常与当地的人文环境、民族特性、社会体制、生活方式、文化潮流、风俗习惯、宗教信仰、气候产物、地理位置和科技发展密切相关，同时也包含在创作构思中。室内设计艺术风格跟随时代的思想不断进化和创新，现今一般将其分为现代风格、欧式风格、中式风格、新古典风格、美式风格、地中海风格、东南亚风格和日式风格，共8个类别，这8种设计风格都有各自的特点和魅力。由于客滚船的营运主要在波罗的海、北海、地中海地区，因此客滚船最主要的室内设计艺术风格为现代风格和

图 11　英国 P&O 豪华客滚船现代北欧风格的餐厅

现代风格逐步成为最主流的艺术风格，同时将现代风格和欧式风格进行有机结合是当前流行的一个设计手法。

欧式风格。又由于现代客滚船突出快捷式休闲的特点，因此现代风格逐步成为最主流的艺术风格，同时将现代风格和欧式风格进行有机结合是当前流行的一个设计手法。

其中现代风格是一种强调自然、简洁、方便的设计风格，主要细分为以下6种：

现代简约风：以高明度色彩为主，材料方面结合传统材料和现代材料，如木材、石材、玻璃、金属等，空间布局清晰明了、功能性强。

现代中式风：以中式元素为基础，融入现代设计理念和手法，如对称、平衡、线条等，色彩方面多用暖色调和中性色调，材料方面多用木质、竹质等自然材料。

现代西式风：以西方文化为背景，运用现代设计元素，如几何图形、抽象图案等，色彩方面多用冷色调和深色调，材料方面多用金属、玻璃等工业化材料。

后现代风：以反传统为特征，打破常规的设计规则和形式，如错位、变形、拼接等，色彩方面多用鲜艳的撞色或黑白灰的对比色，材料方面多用塑料、橡胶等新型材料。

北欧风格：又称斯堪的纳维亚风格，是指丹麦、瑞典、挪威、芬兰和冰岛五国的设计风格。其特点是干净、简洁的线条，极简主义，人性化、稳定舒适和实用（图11）。

混合风格：由于现代风格的包容性，可以在现代简约风格的基础上加入一些地域文化特色元素，如地中海式风格、东南亚风格、日式风格、古典风格等，增加空间的多样性和趣味性。

陆地上的建筑有一种区域性的特点，为了达到美的效果，室内艺术设计需要考虑到周围的环境，将其本身和周围环境协调地组合成一体，因此陆地上的室内艺术设计相对来说是一种静止的美。然而对于船舶来说，其独特之处

图 12　意大利 MOBY 及英国 P&O 客滚船外观

在于它是航行于水面上的建筑，有着动和静的结合与协调，因此要求室内设计艺术风格有更大的包容性。同时，现代船舶外观造型是现代科技发展下的产物，本身就具有强烈的现代风格特征，这也是在做室内艺术设计时需要考虑到的因素（图12）。

进行客滚船室内设计的时候应考虑到使用何种艺术风格、空间色彩、灯光设计等使得旅客处于一种更加平和和安稳的心理状态，将船舶作为一个临时停泊的港湾得以小憩，感受自然的美好，提高旅客的舒适度和安全感。

在船舶运营区域方面，目前世界上大型豪华客滚船主要航行于波罗的海、地中海、英吉利海峡、北海、渤海湾、琼州海峡、库克海峡、日本列岛等，欧洲是全球客滚船运输最发达的地区，同时也是现代装饰风格发源地，航行于欧洲区域的豪华客滚船以现代风格为主。

3.3　客滚船现代风格室内设计艺术特征

现代风格是一种比较流行的室内设计风格，追求时尚与潮流，非常注重居室空间的布局与使用功能的完美结合。现代风格也称为现代主义或功能主义，是工业社会的产物，其最早的代表是建于德国魏玛的包豪斯学校。包豪斯学校成立于1919年，提倡突破传统、创造革新，重视功能和空间组织，注重发挥结构本身的形式美，造型简洁，反对多余装饰，崇尚合理的构成工艺，尊重材料的特性，讲究材料自身的质地和色彩的配置效果，强调设计与工业生产的联系。

现代风格是一种以简单、实用、舒适为主要特征的室内设计风格，它强调空间的利用和布局、色彩的协调和对比、造型的精致和流畅、材料的质感和环保，可兼顾功能性和美观性，可以有效地解决客滚船上的空间限制和安全问题，使空间看起来整洁、明亮、有序（图13）。

现代风格所采用的装饰材料以现代工业材料为主，可以更好地满足船舶防火、防潮、稳定性要求，具有较强的易清洁、易维护性，具有较高的耐用性，同时还具备轻质的特点，十分符合客滚船的使用环境和安全需求。

现代风格的室内设计简洁而不单调，具有较大的包容性，可以通过不同的材质、色彩、灯光等元素创造出多样化的视觉效果，满足不同航线旅客的审美需求和个性化喜好，反映出客滚船所处的地理位置和文化背景。例如在地中海地区，可以使用蓝色、白色等颜色来表达海洋的魅力；在北欧地区，可以使用木质、皮革等材料来表达温暖和自然；

图13　阿尔及利亚豪华客滚船乘客餐厅

在阿拉伯地区可在现代风格的基础上增加一些具有地域特色的图案和元素来体现异域特色。

同时现代风格的室内装饰也可以很好地匹配船舶运营时的外部环境，并且与客滚船的外观和结构相匹配，使得船舶这一航行于海洋中的建筑成为一个整体。

现代化的装饰风格在客滚船的建造周期和成本控制方面也具有较大的优势，可以提高船舶建造效率，提升船舶制造企业和船东的竞争力。

总的来说，豪华客滚船大多数采用现代风格的室内设计，除航行区域的首要因素外，上述因素是影响这一风格形成的重要原因。

3.4　客滚船室内艺术设计未来发展趋势

随着国际竞争和市场需求的双重压力以及各国本地文化交流和沟通的需要，客滚船室内设计也会更加注重文化和故事，结合航线的历史和风情，展现出不同的文化特色和故事情节，展现不同航线和船东的特色，增强乘客的参与感，提升乘客记忆度，从而增强乘客黏性，提升船东的市场竞争力。

科技的发展带来材料的改进和变革，使得装饰材料在成本、施工工艺的便捷性、自重、环保性、耐用性、易维护性等方面达到更好的平衡，给设计师和艺术家提供了更多的选择，客滚船室内设计的艺术效果将会有更多元化的呈现。

同时，随着人工智能的不断发展，客滚船室内设计将更智能化，利用数字技术和人工智能，为乘客提供更加便捷和个性化的服务和体验。

4 现代客滚船内装材料与建造工艺

在建造周期及成本方面，客滚船与邮轮也有着很大的差别。邮轮的建造周期较长，一般为 4 年左右，而客滚船的建造周期仅 20 个月左右，船体的建造时间更会严重压缩内部装修工程的施工时间，因此客滚船室内设计应尽可能采用标准化、模块化制造方式，提高生产效率，缩短建造周期。在建造成本方面，由于防火、防潮、自重等因素的影响，要想呈现古典或者异域感较为强烈的装饰风格，需要用到大量的定制化材料，而客滚船一般是用作交通运输而非作为游客游玩的目的地，在整个项目中室内装修的成本不是主要组成部分和最重要的考虑因素，其建造成本的预算不及豪华邮轮，因此在材料的选择上应以市场上成熟的现代工业化生产的材料为主，来达到控制周期和成本的目的。

室内装饰材料是室内艺术设计的重要组成部分，也是影响室内设计艺术风格的重要因素之一，不同的材料类型有着不同的特点和表现力，可以营造出不同的氛围。天然材料如石材、木材、面砖等，给人一种质朴、自然、温馨的感觉，工业化材料如不锈钢、铝型材等，给人一种简洁、现代、时尚的感觉，高科技材料如玻璃、塑料、强化纤维等，给人一种轻盈、透明、智能的感觉。

船舶装饰材料一般按照壁板、天花、地面、表面装饰材料、家具、布艺、五金等进行分类，其中壁板主要有复合岩棉板、铝蜂窝板、蛭石板和船用硅酸钙板，天花有复合岩棉板天花、铝扣板天花、定制吊顶、软膜天花等，地面有PVC 地板、地砖、地毯、室外聚氨酯地板等，表面装饰材料有 HPL 耐火板、PVC 膜、PVC 墙纸、油漆、天然石材、木材、瓷砖、墙砖、玻璃、金属等。

同时，在进行船舶室内艺术设计，尤其是客滚船的室内艺术设计时，在设计初期也应该充分考虑到船舶自身的因素对材料的影响，如防火、防潮、自重控制、稳定性、生产周期及造价等因素。

在防火方面，客滚船的要求更加严格。一方面，船舶配备动力系统，如内燃机（推进主机和发电机），本身储存有大量的燃油等易燃易爆物品。另一方面，存放于车库的车辆内存有燃油，部分运输车辆内还存有易燃易爆的危险货物。此外，船舶航行于海上，远离大陆，相当于一个孤岛，在外部灭火及人员救援方面有着天然的劣势。因此，船舶上使用的材料对于防火阻燃性能有着更为严苛的要求，所有的

图 14 英国 P&O 客滚船室内装饰灯具及天花

图 15　DFDS 客滚船餐厅区域实景图

材料都需取得相关的船用许可证书。船舶不同区域间的防火等级按照国际海事组织颁布的《国际海上人命安全公约》可分为 C、B0、B15、A0、A15、A30、A60，共 7 个等级。

　　在自重控制方面，客滚船的中间区域设置有大面积的车库，为了确保车辆上下船方便快捷，车库都是一个极为空旷的空间（无支柱车库设计），导致客滚船相对于客船来说，重心更为靠上。而重心高度是船舶在水中稳性的一个重要的影响因素，重心越高，船舶的稳性越差，越容易倾覆，因此客滚船的重心控制会贯穿于整个设计过程之中。在做客滚船室内艺术设计的时候应该尽量避免大面积使用较重的材料，如瓷砖、地砖、墙砖、天然石材、实木等。

　　由于自重控制方面的考虑，客滚船室内区域净空高度不可能做到较高的水平，一般舱室区域保证 2.1 m 的最低净空高要求，公共区域一般为 2.1~2.4 m。层高的因素限制了天花上不能做过多的装饰，具有更多装饰元素的天花设计手法无法在客滚船上使用。同时层高也导致复杂造型的灯具和古典风格的装饰灯具无法使用，装饰灯具以现代简约风格为主（图 14）。

　　客滚船是一种在水路上运输旅客和货物的交通工具，航行时间不长，客流量大。同时由于船员、服务员与乘客的比例相较于邮轮会小很多，还需顾及滚装处所的卫生和指挥

等工作，无法分配大量的人力对室内装饰材料的表面进行清洁与维护，因此对室内装饰材料的稳定性、易维护性、易清洁性相较于邮轮有着更高的要求。在装饰材料的选择上应更注重耐用性、易清洁性、易于维护和维修，同时还应考虑到防水、防潮、耐腐蚀、耐日照、耐盐雾等性能。防水、防污、防火、耐磨等性能优良的现代复合材料的使用，可以有效防止水渍、污渍、灰尘的影响，降低客滚船的清洁频率和难度，提高卫生质量（图 15）。

　　船舶的振动也是船舶室内设计需要考虑的因素。一方面，船舶航行需要大功率推进动力系统，其中，船舶主机产生的振动、螺旋桨激振力都会引起整艘船的振动，另一方面，海浪对船舶整体结构的冲击也会引起剧烈振动。另外，客滚船车辆甲板采用无支柱设计，导致客滚船相对于邮轮其上建区域的振动更加明显，在做室内艺术设计的时候相对于邮轮更需考虑到稳固的连接形式来避免局部振动和产生噪声，因此金属框架及金属收边固定装饰形式会被大量使用，其金属材质和偏线性的形状也会影响到船舶室内的艺术风格。

　　天花板种类较多，模块化的天花板有雌雄型板、D 型板、方形天花板、U 形天花板和格栅式天花板等，定制化天花板有各种特殊造型。这些天花板通过艺术大师的构造设计，具有造型美、材质美、色彩美和工艺美等优点。

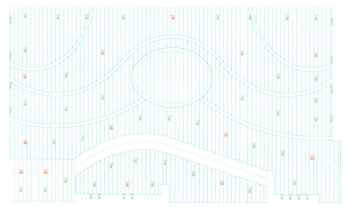

图 16 天花板布置及实际效果

为了控制好上建区域的重心，公共区域模块化天花板采用铝合金板，考虑到公共区域面积都较大，铝合金板的厚度要在 1.0 mm 左右（图 16）。

公共区域天花系统除满足装饰要求外，还作为"雨降式"通风系统的末端。舱室布置及内装设计和建造技术体现了一个国家的造船技术水平，尤其是豪华客滚船内装建造工艺技术。设计师要在规范规则和设计原理的基础上，结合艺术设计手法和建造工艺，选择合适的装饰材料，并对不同装饰材料的结构形式、安装方式进行构造设计，建立精度测量和评价标准，最终设计出满足安全要求、艺术美化和工艺性好的可供船员、旅客活动的空间。

5 结语

全球客滚船保有量超过 3000 艘且还在不断增长，相对邮轮，其营运模式和设计理念有显著的不同，通过合理的设计，营造客滚船独特的快捷式休闲特色，结合时代背景下的绿色能源趋势，将为这个船型提供源源不断的发展动力，使其不断革新。

中国邮轮游客数据聚类用户标签构建

涂山

涂山，清华大学美术学院副教授，游艇及水上环境设计研究所（IYNED）所长。

我跟大家分享的题目是"中国邮轮游客数据聚类用户标签构建"。游艇及水上环境设计研究所基于大设计理念，以多元协作、交叉、整合为手段，在游艇及水上环境设计领域进行对接和延伸，帮助国人实现"丰富美好的水岸生活"这一目标。

清华大学美术学院、北师大用户体验研究中心、中传邮轮科技发展有限公司协同合作，系统性地开展了对中国邮轮用户的调研。虽然研究已经有三年的时间，但迄今为止用户研究还没有完全完成。面向中国邮轮用户的调研主要包括以下两个部分：第一，实船调研。研究团队选取了 5 艘邮轮实地调研，进行了纸质问卷调研、行为观察、访谈等。第二，基于文献、网络问卷、网络评论数据等的调研。在这期间研究团队收到了 1.1 万份问卷，最终筛选出合格问卷 1772 份。目前还没有完成对所有目标邮轮的调研。研究团队访谈了 50 多位用户，有 70 多个小时的访谈时间，形成了 20 万字的访谈文字。特别是在同程旅行的帮助下，研究团队获取了 8.8 万条关于邮轮旅游的网络评论，这些都是基于真实用户 IP 的评价反馈。

在数据分析的基础上，研究团队对中国邮轮用户的组成有了基本认知。目前来说，研究团队调研结果显示，女性乘客多于男性，同时 80 后是邮轮用户的主体，占 35%，70 后以及 60 后也是参与者，这里面不排除来源于网络的调研。在用户调研中，年纪大的 60 后、50 后甚至 40 后，他们的参与度相对来说较低。在调研问卷来源方面，调研问卷包括纸质问卷和网络问卷。我们的乘客主要来源于上海，占 34%，江苏省、浙江省都超过 10%。总的来说，沿海省市的 GDP 相对来说比较高，也就意味着居民的收入水平比较高，这些地区是邮轮客户的重要来源。

这张表非常有意思，它反映了 2018 年度用户的构成和变化。暑期亲子游其实以后会成为一个主体，特别是在国家的公共假期，

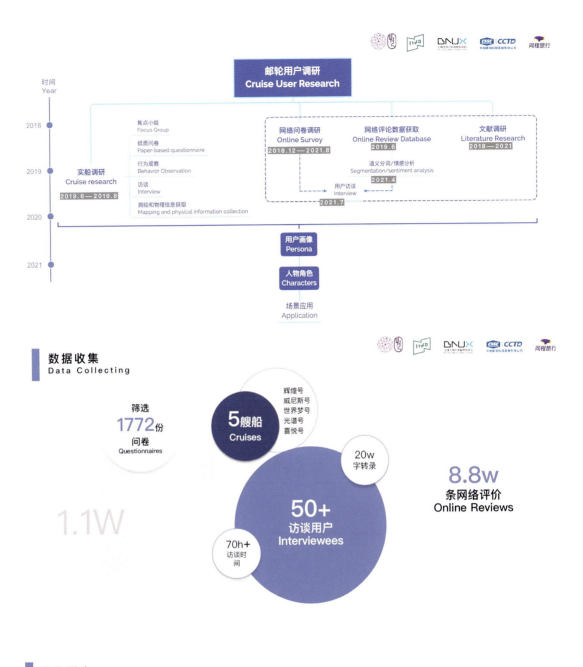

数据收集
Data Collecting

筛选
1772份
问卷
Questionnaires

1.1W

5艘船
Cruises

辉煌号
威尼斯号
世界梦号
光谱号
喜悦号

20w
字转录

50+
访谈用户
Interviewees

70h+
访谈时间

8.8w
条网络评价
Online Reviews

用户洞察
Insight

目前乘坐过邮轮的用户女性比男性更多。
More women than men have taken a cruise.

男性
42%

性别
Gender

女性
58%

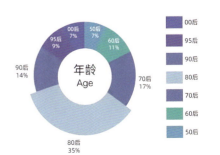

80后是目前中国邮轮市场的主要受众与主要消费人群。
The post-80s are the main audience and the main consumer of the Chinese cruise market at present.

年龄
Age

00后 7%
50后 7%
95后 9%
60后 11%
90后 14%
70后 17%
80后 35%

	00后
	95后
	90后
	80后
	70后
	60后
	50后

中国游客最喜欢的娱乐项目就是表演，这是跨越所有年龄段最受欢迎的一个内容。

因为这时候小孩放假了。在此期间很可能会有一些旅游淡季的蜜月游。同时像中老年人，尤其是退休的，他们主要选择淡季价格合适的时期出游，这里面不同的游客信息构成了波峰波谷，形成一个时间流量的变化。

我们通过网络获取了一些非常有意思的信息，这里进行简单阐述：中国游客最喜欢的娱乐项目就是表演，这是跨越所有年龄段最受欢迎的一个内容。同时在海上由于微信不能登录，游客没有办法使用微信进行交流，所以微信成为一大痛点。旅游目的地主要是到日本上岸旅游，这是目前中国游客乘坐邮轮旅游最主要的一个目的地。目前从中国出发的邮轮绝大多数都是只去日本，去往东南亚的邮轮数量相对比较少。游客对餐饮体验印象比较深，还比较满意，其中自助餐厅更符合目前中国人的餐饮习惯，因为相对来说比较自由。另外，对于晕船、晃、吐等现象，并不是服务品质的问题，这实际上是一种客观的生理反应。孩子和老人反映出了比较特殊的邮轮上的人和人之间的关系。因为绝大部分的邮轮旅游都是由旅行社来组织的，那么领队相当于导游，他是跟着团上船的。同时，由于游客绝大部分都是亲子游客，老人和孩子是他们最主要的关心对象。比如说我是 80 后，主要是带孩子或者陪同老人，这是很重要的一个体验。

这是我们发现的一些有意义的信息，针对这一类的内容，我们还会持续做一些研究。

在用户画像的建构方面，我们大体基于以下流程：首先是数据聚类，然后做数据清洗，接着建立维度词典，之后通过情感语义分析、人工智能学习筛选，并通过卡方方式建立一个亲和维度，再针对从问卷中筛选出来的访谈对象做一个访谈，形成用户画像，建立一个典型的用户标签和人物形象。

我们从乘坐邮轮出游的理由、消费意愿、计划风格、游玩风格、同行人员这五个维度进行用户标签建构。我们关注环境中人的感知、对岸上旅游的看法、购买船票的途径、选择邮轮出游的主观动机和客观条件等，并针对这几个方面设立了一些问题进行访谈，最终通过聚类形成场景洞察和分类维度。通过调研，研究团队总结了七类人物标签，我们把这七类标签划分到不同的年龄段，代表这个年龄段的一些特征。同时，我们也绘制了一些具体的画像，下面就分别做简单的介绍。

首先是 40 后人群。他们目前年龄在 70~80 岁，以跟团游为主。女性基本上都是姐妹团出游，以社交娱乐为主，喜欢跟朋友一起互动。50 后基本都是大家庭共同出游，多数都是这样的家庭状态，目前这样的标签可能也很常见。

实际上，通过这个研究分析就可以知道，"喜悦号"没能成功进入中国市场的原因。"喜悦号"是诺唯真公司花

用户画像构建方法
Working Process

访谈结果
Interview Results

对访谈原文编码和聚类，形成场景洞察和分类维度。

乘坐邮轮出游的理由
Reasons to take a cruise

消费意愿
Intention to consume

计划风格
Planning style

游玩风格
Touring style

同行人员
Companions

对于环境中人的感知
对同行人、服务员的看法及洞察

"就是因为我本来就很喜欢旅游，再加上就是我一个人也习惯了。"

主观动机
为什么要选择邮轮出游？

"我爸爸他比较喜欢旅游，他腿不好，坐轮椅，邮轮是最好的选择"

岸上游
岸上游玩的体验及看法

"但是他会把自由行的客人和跟团的客人就放在一起，排队这个就很不好。"

客观条件
选择邮轮及舱房的客观因素

"选的是有阳台的，反正那种没有阳台的我可能不会选的"

购买船票的途径
获取信息及购买的渠道

"这一栋楼有个孩子在旅游公司上班，他的票可以打折所以叫我们了了。"

个体特质
年龄、经济水平、分享欲望等

"有些说是当地人交流，比如说是稍微深入一点点去体验当地文化"。

未来的老年人有更高的消费兴趣与需求
Future seniors have an increased interest and demand for consumption

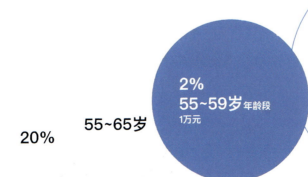

根据 CHARIS 2011年的调查数据，约20%的中老年人在年内进行过旅行，55~65岁年龄组的出游率最高，超过了20%，这一群组的健康状况相对年长的老人群体更好，同时闲暇时间多，因而出行比例更高。有近2%的55~59岁中老年人年度旅游消费超过了1万元，45~49的群体年度旅游消费超过1万元的比例也有接近1%。考虑到未来中老年人（60、70后）更加自我，以及年轻时就有旅游的习惯，实际的中老年人旅游消费水平会更高。

总体而言，我国轮老年人（60、70后）是改革的主要受益群体，具有以房产为主体的财富积累，能够保障他们安稳度过老年生活。在旅游、电子产品消费等方面，未来的老年人将表现出更高的消费兴趣和更旺盛的需求。

费巨资为中国市场量身打造的。诺唯真公司早在 2016 年以前就开始着手准备工作，2016 年 2 月 9 日将邮轮命名为"喜悦号"，2017 年 6 月 27 日"喜悦号"正式首航。这期间诺唯真公司进行了充分的准备，做了大量的市场调研，但是"喜悦号"运行不到两年，就发布通告称 2019 年 4 月退出中国市场，并重新部署在美国阿拉斯加航线上。

我觉得这是一个非常典型的案例，我们试图从某些方面来探究它退出中国市场、重新部署美国市场的原因。实际上"喜悦号"针对中国市场做了专门的设计。它有 6 个免费的餐厅、14 个茶室、酒吧以及 11 个特色餐厅，餐饮做得非常充分。同时，我们可以看到，餐厅的设计基本上都迎合了中国人的喜好，颜色多运用深木色，各个餐厅看起来区别都不是很大，完全是为了迎合中国人的喜好。娱乐设施是诺唯真公司非常重视的内容，18 个娱乐项目包括各式水上乐园、剧场以及卡丁车等。跟法拉利合作的卡丁车实际上是它的独创，激光镭射以及跟星球大战合作的游戏等，也是花费了很多精力做的原创设计。卡丁车既是创新的，同时也是非常迎合年轻人的。另外，在中国元素上，诺唯真公司也下

足了功夫，请中央美术学院的谭平教授设计了凤凰图案，专门为中国人设计了棋牌室、卡拉 OK 厅等。准备工作做得非常充分，但最后为什么要退出？

这艘邮轮的总吨位非常大，它的娱乐空间占比非常高，主要承载了一些娱乐内容。但是我们可以看到，当时上船的游客以 40 后、50 后为主，也就是说，诺唯真对娱乐设施的设置并不适合，因为这些娱乐设施的目标人群可能更多的是年轻群体。另外，40 后、50 后在船上消费较少，在这种情况下，船上的二次消费不足以支撑后续的运行，所以它最终决定重新部署。

接下来是 60 后、70 后人群，这是两类不同的人群。60 后处在接近退休的年龄，目前来说他们倾向于跟家人在一起，认为一家人一起出游才是最好的体验。这是这类人群的基本画像。对于 70 后来说，还处在一种"达人"的状态，想要体验更多的新鲜感，体验先锋，喜欢自由行，是攻略能手，总是期待下一次更新的体验。

2021 年中国的老年人（60 岁以上）人口数占比达到 18.7%，在这样一个老龄化严重的社会里，老年人健康水

平也在不断提升，所以，基本上 60~75 岁叫轻老年人，是邮轮最主要的消费群体。调研发现，在 55~65 岁人群中，有 20% 的中国人选择了旅游，其中约 2% 的人年度旅游费用超过 1 万元。在 45~49 岁的群体中，旅游费用超过 1 万元的接近 1%。他们还在工作，等到他们退休之后，就是轻老年人，也就是说，未来的轻老年人。60 后、70 后是改革开放政策的主要受益群体，有以房产为主体的财富积累，因此他们在安稳的晚年生活中，对旅游、电子产品方面的消费会显示出更大的兴趣和更高的需求，这一点我认为还是非常值得重视的。

在未来的 5 年、甚至 10 年，60 后、70 后一定会需要更多不同的娱乐方式，但是目前邮轮旅游的方式，无论是刚才说的"喜悦号"还是现在的这些方式，可能未见得能使这些中国轻老年人满意。这里有一个基础调研，在对轻老年人的调研中，对娱乐的满意度是比较低的，只有 20% 的人认为邮轮旅游是比较满意的。对邮轮旅游最不满意的部分体现在项目不够丰富以及氛围嘈杂，这两点实际上占到一半。当然这是基于现在的老年人和我们的轻老年人 50 后和 60 后所做的调研。老年人二次消费的意愿，相比以前还是在增加。目前来说，我们认为邮轮上的娱乐设施主要针对年轻人，这也是为什么表演是大家最喜爱的。清华大学做过一个无差别邮轮调研，调研结果显示，随着年龄的增加，对娱乐的满意度会呈现降低的趋势。总体来说，老年人对餐饮的满意度在增加，但是对娱乐项目非常不满意。我们获取的网络评论就提到，美中不足的就是适合老年人的娱乐项目不是很多，主要就是看看演出。

80 后是现在的主体，他们大体上正值事业的巅峰，同时上有老、下有小，在选择邮轮出行的情况下，大体上都是希望放松身心，主要考虑老人和孩子的需求。

我们需要注意，Z 世代的生活去向和他们的喜好显然是我们研究的重点。Z 世代的消费能力很强，相当于全球 32% 的消费总量。相对来说，他们是消费能力最强的一代。

Z 世代对邮轮是非常感兴趣的，有 20.37% 的问卷来自于 Z 世代，他们中只有 6% 的人坐过邮轮，他们是未来邮轮消费的主体。

　　Z 世代是一个与网络信息时代紧密相连的群体。他们是伴随着智能手机、智能平板等出生的人群，是生活在网络上、生活在线上的一代。他们更喜欢定制，同时愿意为自己的喜好买单。他们也显示出了非常强大的消费能力。基于对他们的少量调查发现，他们对娱乐的态度与现在的老年人存在巨大的差异，他们对娱乐的满意度比老年人增加了近一倍，同时他们觉得项目不够丰富、不够刺激以及不够有特点；他们对额外收费倒并不是那么敏感。这是我们从上述调研中发现的。对于 Z 世代的需求和兴趣，我们也可以通过学生作业看出端倪。我们看看近几年大四学生做的一些邮轮主题设计，他们都称得上是 Z 世代的大学生，他们大多会选择自己感兴趣的主题，比如单身爱情、沉浸戏剧、云端办公、志怪神话、人造景观以及电子竞技主题。据我们统计，基本上这六类作业是最多的。

　　我认为邮轮创新的路径很多，包括创造新产品、创新生产方式、开拓新市场、采用新材料、构建新型组织等，不管用哪一种方法来创新，都是异于往常的。我认为，基于用户体验的产品创新、材料创新和组织创新，是我国邮轮发展的重点方向。

殿堂号外观设计　　设计：陆江艳 刘京　　时间：2023 年

风逸号外观设计　　设计：陆江艳　杨雪薇　　时间：2023 年

大型邮轮外观造型发展脉络与趋势研究

吕杰锋

吕杰锋，博士、教授、博士生导师，
武汉理工大学艺术与设计学院院长。

很高兴有机会参加这次邮轮和游艇设计峰会并做分享。今天我汇报的主题是"大型邮轮外观造型发展脉络与趋势研究"。这既是我们承担的科研项目的研究成果，也是我们团队后期展开设计实践的一个基础。大家都知道，大型邮轮是船舶制造业皇冠上的最后一颗明珠，其重要原因之一就是邮轮对于个性化的体验要求极高，而流动的外观造型又是第一眼的视觉体验，同时还承载着公司的形象甚至地方民族的文化，其重要性不言而喻。而我国大型邮轮设计研发仍处于初步探索的阶段，所以需要梳理邮轮发展脉络，从中总结规律，汲取经验。

我们开展大型邮轮外观造型发展脉络和趋势研究，目的就是把握邮轮外观造型演进的规律，明确影响邮轮造型的关键因素，并且为后续的风格趋势研究提供依据。这些研究成果可以应用到我们的设计实践中，作为风格定位的依据。邮轮美学设计研究将为我国开创具有自主知识产权的船型研发提供美学支撑。

为了开展这项研究，我们收集了1831年至今的不同国家、不同品牌的邮轮，共计688艘，几乎覆盖了历史上可以搜集到的所有的邮轮资料。资料内容主要是邮轮外观造型的图像，也包括相关的信息和数据，主要是为了便于后面分析影响因素。这样一项研究的基本方法论其实就分为两个方面：第一个是基于主观感知的风格测评，第二个是基于数学计算的模糊聚类。流程上也大致可以分为两步，一是断代，二是划分风格。具体来说，第一步是进行模糊意象感知实验，划分邮轮的大概风格阶段；第二步是引入意象尺度实验来细分风格，从中分析各种风格的典型特征和演变规律，归纳影响风格的因素，并且推测其趋势。

早期邮
轮时代

中期邮
轮时代

后期邮
轮时代

首先是取样，我们采用了信度为 95%、误差在 8% 以内的最小抽样数，共有 171 艘邮轮作为我们的研究样本，同时也保证了这些邮轮样本处于一个正态分布。

第一轮调研是模糊意象感知实验。意象可以理解为用户对于外观造型的整体感受，图片的角度、颜色等细节可能都会影响到意象的感知，所以，我们对 171 艘邮轮的图像进行了角度的统一、去色、模糊化等处理，最终确定了样本图片。

由于风格感知实验需要设计学科的专业知识，所以我们选取了 32 名具有设计学专业背景的受测者，让他们明白了我们的研究目的之后，要求他们根据自身的认知，对邮轮风格进行自由划分，也就是说，不限制分类的数量和分类的依据，然后对所有的样本进行风格上的归类汇总，并且反馈和分类相关的依据和特征，可以用于后续做风格细分以及风格特征的描述。

我们将分类的结果以色带的形式进行了可视化处理，形成 32 条色带，也就是 32 位受测者对风格进行测评之后的结果。我们把年代最早的一个样本的类别用浅色来表示，把含有年代最晚的邮轮样本的类别全部用最深的颜色来表示，其他的类别按照时间出现的早晚依次由浅到深进行颜色标注。

通过色带我们可以直观地感受到划分具有一定的时代

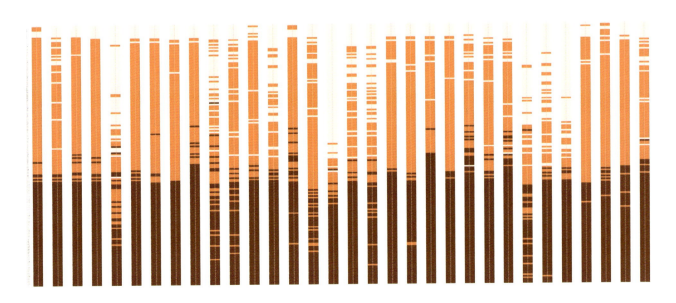

风格分类图像参数化色带图

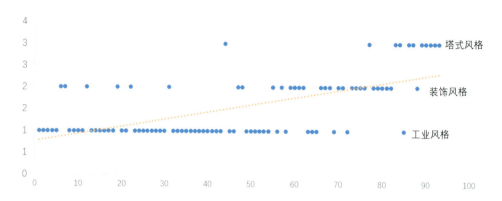

性，但是同时也存在着模糊性。在颜色交叉段虽然划分依据、类别不同，但是这种现象说明划分的界限是模糊的，各样本间存在着共性，所以我们将交集复杂的颜色进行了合并赋色，把相同的颜色归到一类，形成了更为鲜明的三级分化。将色带的结果和邮轮的图像一一对应，我们就可以还原三个类别的邮轮的图像群。我们可以看到，图像群呈现出强烈的时代差别，正因为具有强烈的时代特征，姑且把这三个类别称为早期邮轮时代、中期邮轮时代和后期邮轮时代。

依据第一轮调研，我们得到了 200 多个意象形容词，考虑到三个阶段的关键特征点各不相同，所以依据各个阶段的特征，选择了特征共性形容词，按照权重进行筛选，形成了三组不同的词，用于描述我们所看到的邮轮外观造型。早期邮轮时代有 6 对意象词，中期有 23 对，后期有 24 对，

这些词被用来制作五阶心理学测量量表，也就是我们所说的李克特量表。

接下来是第二轮的风格划分，我们就以中期邮轮时代的实验结果作为代表。首先我们抽取了课题组成员进行李克特量表的实验，他们对中期邮轮时代的各艘邮轮进行研究并形成测试数据，将其导入 SPSS 软件进行模糊聚类的计算。我们根据聚合的情况，认为划分为三类风格最为合理。我们根据这三类风格的特征，分别将其称为工业风格、装饰风格和塔式风格。当然命名不一定准确，这只是我们对于这一类风格的一种总体的感受。

同时我们也可以得到这个时代三类风格的参数化色带，以及风格散点图。这张风格散点图中横轴是邮轮样本的编号，代表邮轮出现的时间，纵轴是邮轮所处的风格类别。这

不同的风格在时间上具有较强的交融性，呈现出多元化趋势，也就是在同一个时期，不同的风格可以并存。

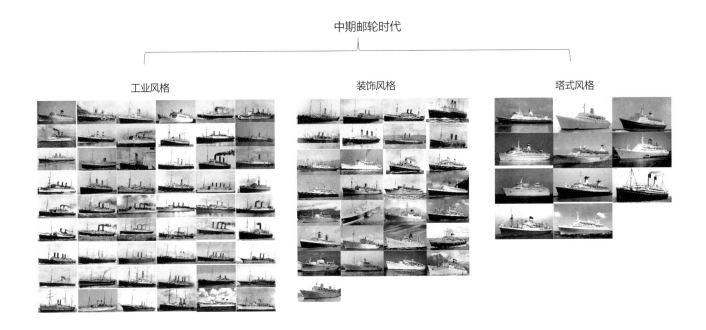

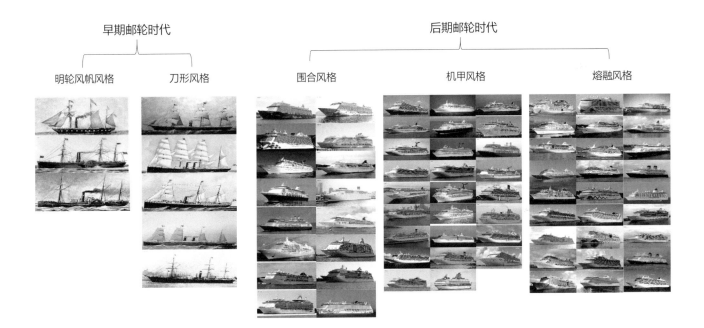

样我们就可以看出邮轮所处的时期和风格类别之间的关系。我们还原了中期邮轮时代不同风格的图像群，可以更直观地感受风格类别内在的一致性，以及类别之间的差异性。用同样的方法，我们可以得到早期和后期邮轮时代风格划分的参数化色带、风格散点图，以及对应的各个风格的图像群。当然，我们分别给它们起了名字，和前面所讲的一样，这些名字只是体现对于这类风格的整体感受。

依据上面的实验结果，我们可以将所有的邮轮大致划分为三个阶段、八种风格。这就是我们说的大型邮轮外观造

型风格演变的一个脉络。有意思的是，早期、中期各个风格的时间相对较为集中，呈现出较强的时代特征，也就是说，往往是在一种风格兴起、衰退之后再出现下一种风格。但是到了后期，不同的风格在时间上具有较强的交融性，呈现出多元化趋势，也就是在同一个时期，不同的风格可以并存。这给我们后面做邮轮外观造型设计实践提供了一些参考性的意见。例如，在今天这个时代，我们是可以去追求多元化的邮轮风格的。

根据这两轮实验的划分结果，我们以此为框架，总结

体的演变过程

	整体长高比	上建重心位置	上建与主船体堆叠	烟囱造型	烟囱与上建堆叠
明轮风帆风格					
刀形风格					
工业风格					
装饰风格					
塔式风格					
围合风格					
机甲风格					
熔融风格					

面元素的演变

	主船体侧立面	上建首部	上建侧立面完整度	上建侧立面凹凸感
明轮风帆风格		—	—	—
刀形风格		—	—	—
工业风格				无
装饰风格				无
塔式风格				无
围合风格				有
机甲风格				有
熔融风格				有

线元素的演变

	轮廓线	特征线	两端与最高点连线	侧立面线排列	上建首部	主船体首部	尾部夹角
明轮风帆风格				基本无	基本无		
刀形风格				基本无	基本无		
工业风格							
装饰风格							
塔式风格							
围合风格							
机甲风格							
熔融风格							

点元素的演变

	侧立面舷窗	首部舷窗	救生艇	其他外露设备
明轮风帆风格	—	—		—
刀形风格		—		—
工业风格				杂乱
装饰风格				较有秩序
塔式风格				较有秩序
围合风格				有秩序
机甲风格				有秩序
熔融风格				有秩序

了早期邮轮时代的共性特征以及细分风格的差异性，并进行了比较细致的描述，这样我们就可以理解邮轮风格的时代性以及风格的差异性。依照同样的思路，我们对于中期邮轮时代和后期邮轮时代也进行了风格共性和风格差异性的具体描述，因时间关系，在这里就不过多展开。

接下来我们就可以开始分析邮轮外观造型的演变趋势。我们按照设计学科对造型的理解，将大型邮轮外观造型拆解为点、线、面、体四种基本元素，然后逐一来探析这些元素的发展趋势。

（1）体元素

①邮轮整体态势更为稳定。船体重心逐步前移，经"S"形轮回变化逐渐在中前部位置保持稳定。同时邮轮整船长高比例所构成的矩形，由早期细长条形逐步变化为长高比例更为均匀的矩形。

②自"装饰风格"出现后，邮轮各体块独立形态表现得更加敦实，均呈现出上窄下宽的稳定态势，且通过穿插、连接、仿生等手段丰富单个体块的造型，具有异型化趋势。

③邮轮整体外观轮廓造型具有由简入繁又返简的演变趋势，更具整体性，块面更加完整，将通过细部造型优化以减轻体量的敦实感。

④体块间的造型语言更为多样，早期邮轮的整体造型所采用的造型语言仅为简单几何体的叠加，进而呈现多个变形体块相互堆叠之势，后期邮轮外观造型多基于整船体块形态，运用切割、拼合的造型手法形成。

（2）面元素

①上建从无"面"到有"面"。邮轮上建整体性增强，完整度增加，分割元素统一。

②主船体的形面通常较为完整，从"工业风格"开始出现较小曲率曲面的运用，从"后期邮轮时代"开始，主船体应用大曲率的曲面、双曲面甚至更复杂的曲面。其变化难以直接受美学影响，但上层建筑的整体风格需考虑主船体面的呼应。

③面元素在邮轮外观造型中的应用，具有包围与开放共存的特性。例如"围合风格"邮轮首部以面为主，较为闭合，但其侧立面仍保持开放的特征。

（3）线元素

①邮轮中线元素的复杂程度由低到高，又存在复简的趋势。轮廓线、首部曲折均满足此趋势。

②特征线的形态更为明显且具有独特性，更利于识别。

③线元素的应用更为统一。发展至后期，侧立面线除外部形状外纵向的态势已基本消失，且多采用重复的手法构建，但同时，采用纵向线条亦不失为造型亮点。

④早期船尾夹角及轮廓线具有小折角特征，中期多采用弧线，而后期多表现为大折角，造型更为大气恢弘。

（4）点元素

①侧立面舷窗的点元素特征逐渐被弱化，表现为线性或面性特征，更具秩序感。

②首部舷窗点元素多对称，单个元素面积发展得更加突出，与舰桥的呼应效果更为强烈。

③救生艇的排布位置多变，早中期多位于上建顶部，但后期稳定于上建与主船体交界处，有助于平衡邮轮的视觉重心。

最后我们根据邮轮造型的构成，可以对各个造型的局部特征的趋势分别进行总结。比如说我们在前面提到过的线元素，线元素分析给我们提供水平线性的趋势，那么体现到舷窗上，可以看到侧立面的舷窗一般会从前至后贯穿，同时

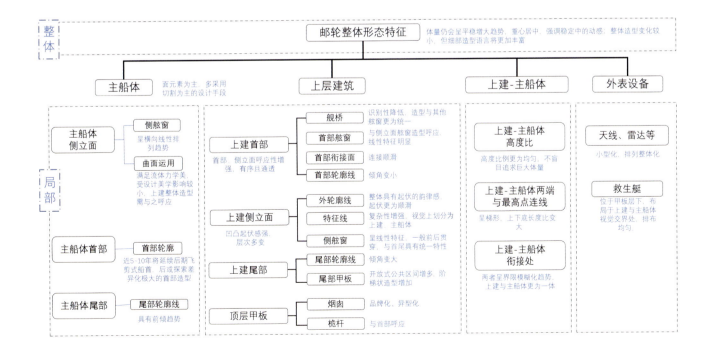

和船尾、船首相呼应。

　　为什么大型邮轮的外观造型会呈现这样一种演变趋势？经过分析，我们认为关键的影响因素有以下四个方面。

　　首先是邮轮的消费需求，也就是目的因素发生了变化。邮轮已从最早的运输工具发展为今天的旅游工具，当代的大型邮轮已经成为游客游玩、体验、消费的场所。比如，"精致边缘号"创新性地设计了一个魔毯移动甲板，既可以用于接驳乘客，又可以依据不同的时段和需求承担起餐厅、酒吧的职责，同时成为邮轮重要的外观造型特征。再比如，"海

洋绿洲号"的中庭做成了露天中央公园，增加了阳台房的数量，不仅提升了用户的居住体验，而且使邮轮拥有了更为独特的外观造型。其次是内部因素，包括材料、工艺、结构形式上的进步。再次是外部因素。外部因素更为广泛，包括各个方面，比如邮轮规范和政府政策，还有品牌、民族、地域、文化、艺术、自然环境等因素，其中的品牌又受到品牌定位以及视觉标准等因素的约束，同时具有品牌形象延伸与优化的需求。最后是设计主体的影响。设计主体其实就是设计师，设计师的个性、创意、能力也是形成多样性的邮轮外观造型

方案的原因之一。

　　根据上面的趋势分析以及关键影响因素的分析，我们就可以展开邮轮外观造型设计实践。我们团队创作了"玄甲号"邮轮外观造型概念方案，从这个名字我们可以想到，这艘邮轮和我们前面提到的机甲风格有着一定的关联性。这个作品既保持了机甲的这种硬朗风格，同时也遵循了我们在前面分析出来的趋势，例如在强调侧面水平线性趋势的同时，也增加了侧立面形体的立体感。还特别注意侧立面线元素和船首上建的线元素之间的相互关系，更加融合，更加整体。

　　"玄甲号"邮轮设计作品获得了包括楚天杯工业设计大赛银奖、中国包装设计大赛银奖等奖项，这说明我们对于外观造型的判断和推演受到了认可。

　　我们团队创作的另外一个大型邮轮外观设计作品——"卢浮宫号"，更加强调了我们前面提到过的地域、文化、艺术因素的影响。在这个设计作品中我们想要强调中式风格，并没有使用中国传统元素的具象形式，而是抽取了中国传统建筑中飞檐的意象，或者说元素的特征，在甲板、船尾等局部强调了类似于飞檐和斗拱的各种曲线，使它整体上具

以新中式风格为参考，借鉴并
提取飞檐和斗拱元素

尾部、侧立面元素呼应

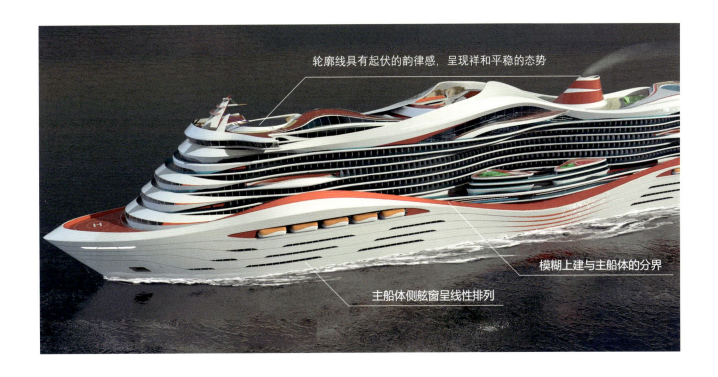

轮廓线具有起伏的韵律感，呈现祥和平稳的态势

模糊上建与主船体的分界

主船体侧舷窗呈线性排列

有中国宫殿式的意象风格。它也特别强调了船尾和侧立面元素的相互呼应。这个作品也同样获得了一些奖项。

"缪斯号"邮轮设计作品相对就更为概念化一些，比较大胆地运用了灵动飘逸的曲线，有意识地模糊了上建和主船体的分界，这是我们在前面的趋势当中看到的。总体的轮廓也具有起伏的韵律感。舷窗的线性排列也使它的侧立面更具有水平上的秩序感。这个作品获得了包括中国好设计特别提名奖在内的一系列奖项。

我们的团队还设计了很多作品，因时间关系，我在这里就不一一展开了。近几年我们的团队先后获得了包括中国设计制造大奖、黄鹤杯、泉城杯、楚天杯等诸多奖项。当然，我们的研究、我们的实践才刚刚起步，我们还会继续努力，争取为中国大型邮轮发展做出自己的贡献。

数字孪生

雅克·霍夫曼斯

雅克·霍夫曼斯（荷兰），荷兰 MasterShip 公司创始人兼董事长，1986 年获得代尔夫特理工大学造船专业硕士学位和荷兰蒂尔堡大学管理与组织专业硕士学位。

在过去的几百年间我们经历了几个重要发展阶段，目前人类社会已经进入第四次工业革命，这次工业革命涉及网络和现实的系统。那么我们看看过去的几百年间，我们人类是如何发展的，这是非常重要的过程，因为以史为鉴是大家的共识。

18 世纪，也就是 200 多年以前，我们经历了第一次工业革命，这次工业革命跟当今社会的发展阶段有非常远的距离。我们所依赖的动力是蒸汽机，在当时是轰动一时的。在 100 多年以后，也就是进入 19 世纪，1870 年我们进入大规模生产阶段，我们有装配线，还有电气设备，电力供给是重要的动力来源。在此之后，我们进入离现在第四阶段越来越近的第三阶段，也就是进入 20 世纪，我们进入计算机和自动化的时代。

这是人类面临的三次改革，目前我们进入第四次工业革命。这次工业革命中有网络和现实系统，可以叫作工业 4.0，也叫作智能产业。第一次和第二次工业革命之间约有 100 年的时间，而第三次和第四次之间只有 50 年左右，也就是只有半个世纪的历程，这是一个非常有趣的现象。除此之外，我们还可以了解到，所有的工业革命都是互相依赖的关系。

我也经常思考，到底第五次工业革命会是什么样的，当然现在是无从得知的。那么从什么时候开始？开始的时间可能是由于我们找到了一种新的动力来源，可以帮助我们更好地减少二氧化碳的排放……类似这样的环境问题。一种环境友好型的动力来源，这是有可能会在未来出现的新景象。我们在第三次工业革命当中遇到了一些瓶颈，也有一些新发现，比如说计算机、自动化，还有一些数字科技，这给我们带来了非常多的发展机会，这都是帮助我们进入第四次工业革命的敲门砖。在这个阶段，我们也开始了新理念的思

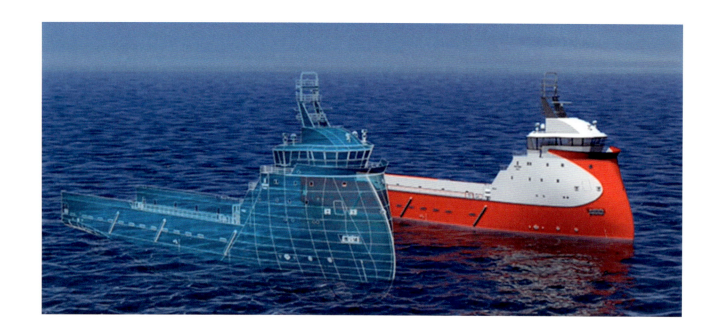

考，包括云计算、数字孪生、物联网，我们也在探讨虚拟现实和增强现实，最后很重要的就是人工智能。这一系列重要的项目、重要的概念，我们其实都是非常重视的，如果将它们集合起来，到底会释放出多大的能量，在现阶段我们是无法得知的。

在我刚毕业不久，所使用的工具都是第三次工业革命期间出现的。现在看还是觉得有些落后，当时我还有些担心，不知道未来我们会开发出怎样的工具，可以用哪些工具来支持目前的工作。但是现在我再也不担心了，正如我刚才所说，未来我们到底会面对怎样的世界，未来我们可以开发出怎样的新工具，这是无法预知的，只要我们携手努力，就可以创造出很多奇迹。

当提及第四次工业革命的时候，我们会继续陷入第三次工业革命的浪潮中，这当中有数字化的转变。比如数字化的船舶，它可能得益于第三次工业革命，甚至是第二次工业革命也向我们持续提供助力，所以我们并没有完全脱离第二次、第三次工业革命。

设计到底会给人类生命、人类社会带来怎样的影响？人类社会未来会变成怎样呢？这是一个非常复杂的社会和伦理问题。希望大家不要忘记社会伦理方面的一些后果、

一些影响。接下来我将为大家介绍 MasterShip 公司的一些情况。

我们的目标是使设计更加高效，与此同时，希望能使我们的建造过程更加高效。非常重要的是，船舶建造在 20 年前遇到了一些挑战，比如说钢材、铝材问题。现在的困难到底是什么？是这些部件如何能够更好地嵌入整个船体。不仅仅是钢铁，还有包括船上所有的系统、所有的管道、所有的光纤，我们需要将这些重要的零部件放到一个高度一体化的系统当中，不只是关注一些具体的零部件、具体的系统，而是能够在一个船体本身进行一体化的设计和安装。

数字化船舶是一个非常重要的概念，这也是稍后我将会重点讨论的话题。现在我们来看看何为数字孪生。数字孪生是什么意思？这其实是一种虚拟化的表达、虚拟化的再现，可以作为一种实时的数字共生体，它存在于产品整个生命周期，相对实物而言，是一种数字化的共生体。它不是指一个具体存在的物件，我们认为数字孪生是一种虚拟化的表达，是船舶虚拟化的存在。在设计与建造领域，这是一个非常重要的发展阶段，我们也开始将数字孪生应用到设计和建造过程当中，这意味着我们会面临很多的改变。

船上的系统在它的生命周期中会产生一些变化，而且

大家可以从数字化船舶的概念中了解到，这个"数字"本身一定是一种实时的、再现式的表达，所以我们不能忽略它的原型设计，同时还要密切关注船舶在航行过程中的所有情况，这对于数字化的生态来说极其重要。与此同时，我们还需要进行追踪，因为所有的系统和数字世界之间是对应的。人类应用技术非常广泛，而这个是我们要去关注的，并且我们会利用这个概念。

现在系统、船舶、数字孪生这几个概念都是有机联系起来的，这意味着我们会通过数字化平台进入船的实体来升级系统，这意味着数字驱动的这样一个基础设施，这样一种架构，可以帮助我们实现数据的实时传输、实时获取。当然这要求船舶本身，还有船舶系统，都需要配备数据管理系统，因此数据管理平台极其重要。

我们为什么需要这么多的数据？为什么要对数据进行管理？所有的系统、所有的组织都需要很多的经费，需要控制成本，因此我们经常考虑成本问题，我们要思考到底船东可以通过使用数字孪生实现多高的经济效益、节约多少成本？收益和成本是互相联系的，它们就好像孪生子，有着命运的联系，所以说我们要去关注投资与投资方式。

有了数字孪生，我们就可以去追踪船舶运行的整体情况，包括对船上的装载情况都可以进行更好的追踪。数字孪生可以帮助我们进行监控，辅助我们做诊断，同时还可以帮助我们做预后，最优化其在运行中的效能。在这个领域中，所有系统获得的数据都可以集合起来，产生历时性的数据，可以帮助我们做好管理。所有的信息都是相关的，比如说航行和天气情况，所有的信息都可以帮助我们决定到底如何对船舶进行修复，这对于船东来讲，是一种非常重要的节省成本的方法，比如可以节省修复成本等。

基于以上所有原因，整个维修的仪表盘其实是一个高度智能化的复杂系统，我们通过这些数据了解船舶的航行时间，运用这些数据来帮助我们分析问题出现的根本原因。还有一点我想强调，我认为非常有趣，就是数字孪生不仅仅帮助我们控制成本，帮助我们去获得更多的收益，它还可以为我们提供重要信息，如航行数据、航海日志等，从而为下一个订单提供更好的经验教训。

所有这些相互关联的表现性能和数据，帮助我们得出结论。这些结论往往是关于系统应该如何改良的，我们在建造下一艘船时，需要落实那些重要的经验。这些非常重要的数据系统，使得数字孪生价值实现最大化。对于造船厂来讲，数字孪生能够提供无限可能，帮助他们产出非常高效的船舶，帮助他们控制维修成本，降低运维成本，这是一个非常独特的卖点。对于造船厂和船东来讲，他们也可以有更好的盈利能力，获得更高的收益。

给大家讲一个例子，上周我去某造船厂，和船厂的工作人员谈到一些具体的细节。举例来讲，若系统的温度达到一个临界值，他可以在手机上收到警示信息，还可以查看船体运行中的一些实时信息。船东跟他打电话说：我们遇到了问题，你可以帮助我们吗？他说：我就在等你给我打电话，因为我早就知道你的船会遇到困难。所以说，这是一种可以提前预知困难和问题的重要手段。有很多关于这种信任方面的问题，还有问题解决方面的细节，这些效率都可以大大提高，因为你可以对实时情况有更早的、更全面的掌控。

我认为在第二次工业革命期间，已经有传感器和引擎给我们提供了非常多的信息，比如说什么时候温度过高，什么时候压力过低。过去有很多系统，比如说传感器，能给我们提供实时信息，

但是现在这些系统可能会在船体出现问题的时候没有办法继续运作，这时我们可以使用语音信息，可以使用互联网。我们把这些信息整合到一个平台，就可以对船体情况有所了解，有一手的信息，有最直接的反馈，我们可以有更充裕的时间进行分析，并且对这些信息进行追踪，以帮助我们做下一步的决策。我们运用数字孪生技术时，首先关注的就是船舶的行为，比如航行速度、推进功率等非常重要的一些数据。

接下来我想跟大家分享的是关于船舶的功能和数据。通过传感器，我们有时候会对船体进行检查，看看是否遇到一些问题。我们依靠传感器了解船舶系统，没有必要让检修

团队到船上去做一个整体的检修，因为整体检修一般要持续好几天，然后在整个维修过程中要进行很多机械和人工化的操作。

其实，我们可以对非常重要的船舶系统做实时监控，对相关压力值进行监控，这样就可以非常快速地获取压力值和船体的其他重要信息以及系统方面的问题。所有船舶的内部系统都是很复杂的，比如油压、温度、运行时间、休整时间、所需要的能源、振动情况、噪声和温度等都是非常重要的功能和行为数据。我们还要了解或传输环境信息和数据，比如空气的温度、湿度，以及海水的情况。获取到这些数据，寻

数据可以改变很多，一些重要的数据，可以为我们提供非常多的预警信息，帮助我们在做决策时更加高效和明智。

找到这些数据之间的关联，我们就可以及时诊断出问题，并且马上做出决策。那么，我们依赖这些系统、数据能够走多远呢？它可能也在不断地迅速迭代，但目前是非常有效的，我认为是可以信赖的。

除此之外，我们还可以做更多的沟通。我们应该在互联网范围之内，在云平台范围之内做更多沟通；我们应该用批判式的视角，不断对这些数字孪生的技能进行反思，不断进行改良。但是，我们还没有达到最佳状态，我希望能够做得更多。在我们的本土市场，已经有很多这样的系统，今天在座的听众可能已经非常熟悉、非常信赖，比如在现阶段家庭中所使用的照明设备、取暖设备等远程设备，我们在全球范围内只用手机就可以进行操控，能够快速地和我们家庭中的系统进行交互。现在我们在现场开会，也使用了互联网、云平台这样的技术手段来使得远程会议得以顺利进行。

当船舶进入大海，在这个过程中我们需要获得关于船体的数据来了解一些具体情况。实时获取重要信息可以帮助我们更好地维护船体，使用数据集可以帮助我们建模，并且更好地了解在交付之前、交付时和交付以后，该如何去保证它正确和高效地运行。数据可以改变很多，一些重要的数据，可以为我们提供非常多的预警信息，帮助我们在做决策时更加高效和明智。

数据还有另外一个重要作用，是为船舶设计服务的。在过去的几十年中收集到的大量数据，都可以集中发送到一个平台来做实时的数据分析，帮助我们的团队在设计开发过程中避免短视情况，以长远的眼光展开工作。所以这个技术的美妙之处，就是可以把所有的数据集中起来，帮助我们从数字孪生技术当中获益，使我们的工作更加高效，并且能够节约成本，同时使船舶更安全、更智能、更绿色。

在我的职业生涯中，我付出了非常多的努力，希望能使这个数字技术标准化，并且把它应用到各种系统中。我花

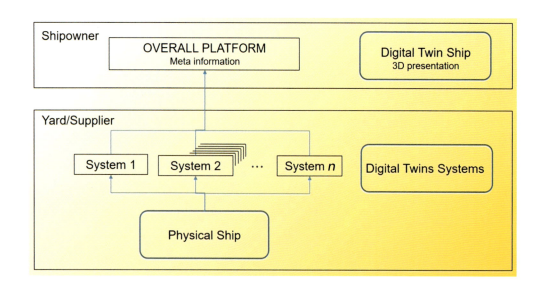

费的时间非常多，但大部分并没有那么成功，因为它的标准化并不是那么容易实现的。我认为，不仅仅是船上的系统，各种类型的系统都应该去建立数字孪生。信息被组建起来后，就能更好地进行系统管理。大家不应该试图管理所有的系统，大部分时候这样是非常浪费时间的。

在一艘实体船舶上面会有非常多不同的系统，所有的这些都可以独立成为一个系统，通过所显示的各个系统的数据，我们可以了解到船舶的整体运行情况，以及监控船舶在运行过程中的表现。船东可以通过一个一体化的平台去了解到底哪些信息对他来讲是最重要的。当然这也取决于船东所运行的是哪一类型的船只。比如，对于非常大的船只和轮渡，船东所需要的信息是不一样的。因此，从供应和需求的角度可以帮助我们更好地判断，我们需要怎样的数据、怎样的系统、怎样的平台。

今天我讲到了数字孪生技术，讲到了资产管理，还有产品非常先进的运行方式，其实都是在现实的事件、真实的物件运行过程中通过数字孪生技术反映它的实时信息，我们的数据主要涉及船的行为、船体的功能等。最后，衷心感谢主办方能够邀请我参加这次论坛，感谢大家的认真聆听，谢谢大家。

大型邮轮康体 SPA 空间设计　　设计：潘长学　　时间：2023 年

大型邮轮健身中心空间设计　　设计：潘长学　　时间：2023 年

邮轮总体设计概述

马网扣

马网扣，中船邮轮科技发展有限公司副主任，研究员。

我汇报的题目是"邮轮总体设计概述"，主要分为以下四个部分：第一部分介绍邮轮总体设计的基本原则和流程；第二部分介绍总布置设计的关键点；第三部分介绍邮轮总体设计遵守的法规、规范和指南；第四部分介绍邮轮的主尺度选取及总体性能。

第一部分是邮轮总体设计的基本原则和流程。相对其他客船来说，邮轮是以提供休闲娱乐为主要目的的，它的娱乐休闲设施肯定比客滚船、渡船更豪华，所以它总体布置的侧重点应该是服务于各种乘客的公共区域、客舱等。它是一种布置性的船舶，与常规的散货船和集装箱这种功能性船舶相比，在总布置上有不同特点。邮轮强调舒适性、安全性和人性化，这些性能也是邮轮总布置设计的一个要点。

进行邮轮总布置设计时，其中一个基础知识就是邮轮品级。按照国际上的邮轮品级划分，可分为经济型——船票比较便宜的邮轮；大众型——适合于普通大众乘客乘坐，也是目前邮轮市场上最主流的船型，像中船邮轮在外高桥所订的邮轮就是大众型，在中国市场运营的邮轮几乎全部都是大众型邮轮。当然还有精品型、奢华型，它们档次较高，船型相对较小，是适合高端乘客的邮轮；在经济方面，无论是建造成本、运营成本，还是反映到乘客的购票成本都会更高。另外，还有探险型和专用型，探险型就是通常说的探险型邮轮，专用型就是用途比较专业化，如在南太平洋各个岛屿之间运输，以及到偏远地方进行探险的这种船型。

另外，进行邮轮总体设计时还必须关心邮轮的特征指标。首先要明确邮轮也是船舶，所有船舶的特征它也必须有，但是相对于一般船舶而言，邮轮又有其他的特征指标。其中有两个比较重要的指标：一个叫乘客空间比。乘客空间比是指把一艘邮轮的总吨位均摊到每个乘客，每个乘客能分到多少总吨。当然从概念上讲，每个乘客能够摊到的总吨位越多，那么他享受的空间就越多，也就越舒适。因为空间多意味着这艘邮轮能够安装更多的娱乐休闲设施，活动空间也就比较大。另一个叫乘客船员比。从字面意义上来讲，乘客船员比就是船上船员和乘客之间的一个比例，如果对应一个乘客

进行服务的船员越多，那么肯定在各个方面也就越舒适。这就是两个重要的指标。以我对邮轮的了解，我建议大众邮轮标准的乘客空间比最好在 33 以上，最小的乘客空间比也不能小于 25，客舱面积最小不能小于 14 平方米，当然这是我本人的一些建议，仅供业内人士参考。

邮轮总体设计也要注意一些基本原则，我概括了五个方面。第一，邮轮设计要更多地考虑人的需求。有一点非常明确，那就是邮轮是为乘客服务的，所以乘客的个性化需求必须在邮轮总体设计上有所反映，而且是得到切实反映。第二，邮轮是高度个性化、定制化的产品。从邮轮公司来说，每个邮轮公司都有自己的文化特点，都有自己的定位，都有自己的想法，我们进行邮轮总体设计时必须把船东公司和运营方的观念贯彻到产品设计中，体现到船的总布置上。第三，毫无疑问，作为船舶，邮轮也必须满足与船舶相关的安全和性能要求，必须满足 SOLAS（International Convention for Safety of Life at Sea，《国际海上人命安全公约》）、MARPOL（《国际防止船舶造成污染公约》）等国际规范、公约及船级社规范，另外也必须满足快速性、耐波性、操纵性等基本性能指标。第四，邮轮设计是船舶设计与艺术设计的协同。邮轮是讲究美的，按我的理解，"美"就体现为给乘客的观感，这个观感需要艺术设计实现，是跟船舶设计不同的一个领域。但艺术设计不能脱离船舶设计的框线，如果

艺术设计没有约束，船舶的性能和安全也不能保证，这个产品肯定是个失败的产品。第五，邮轮设计是船舶工程和酒店工程的融合。邮轮上层建筑是非常大的，除了主船体里面特有的结构和机电设备外，大型邮轮都有十几层的上层建筑，上层建筑最主要的用途是为乘客提供客舱、公共服务区等。我们把主甲板以上笼统称为酒店工程，邮轮设计是船舶工程与酒店工程的融合，船舶是酒店工程的载体，酒店工程是船舶工程的功能实现。

在邮轮总布置设计时必须关注主题风格和艺术设计、主尺度参数选取、外观造型设计、船体型线设计和各种系统配置等，通过多目标、多参数、多约束的求解和优化，进行邮轮总体设计。

下面说说我个人所理解的邮轮总体设计的流程。首先是提出设计任务。这肯定是源自船东需求，然后设计公司分析船东的任务要求，进行市场调研、主尺度规划和总布置草图的绘制。绘制草图时就要把初步艺术设计和酒店工程设计融合进来。接着进行规格书和型线设计，以及整个重心重量的估算（重心重量是指空船的重量，包括软装物料，也就是内装结构）、机电舾装设备估算、娱乐设施估算等，从而准确得到空船重量。之后进行稳性等关键性能评估，如果满足要求则进入下一个步骤，如果不满足就需要重复进行迭代优化，包括最后造价估算等。邮轮总体设计流程既要考虑船舶

设计流程，还要加上艺术设计和酒店工程。

　　第二部分是邮轮总布置设计的关键点。相对其他船型来说，邮轮系统比较复杂，常规船舶有的一些系统，邮轮基本都有，同时邮轮还有其他船舶所没有的宾馆系统。我把邮轮分为宾馆系统和船舶系统两方面。宾馆系统又分为乘客系统和支撑系统，乘客系统包括餐饮、住宿、娱乐等处所，支撑系统包括服务处所和机器处所。另外，船舶系统中的船员系统，有为船员服务的起居处所，还有船体系统中的机器处所等。

　　邮轮总布置主要涉及两个方面。第一个方面是整体布局，从目前的大众型邮轮来看，整体布局基本上都采用通常说的"三明治"布局。"三明治"布局是主甲板以上乘客区域的布局，一般在主甲板以上 1～2 层布置客舱，这些客舱通常是海景房、内舱房，基本上没有阳台房，因为阳台房必须考虑稳性里的浸水问题，基于稳性考量是不允许的。然后往上通常是乘客公共区域，如剧院、歌舞厅、赌场以及各种餐厅等公共区域，一般在 3~4 层。接着再往上又是大量的客舱区域，客舱区域就是舱房、阳台房，以阳台房为主，也有内舱房，这取决于邮轮的品类和格局，内舱房越多，阳台房的比例就越低。最后再到顶上有一部分客舱，也有一部分室外活动区，如露天泳池、室外跑道和运动场等。总体来说，典型的大型邮轮都是采用类似这样的"三明治"布局。

　　第二个方面是住舱布局。住舱布局主要采用循环走道，

一方面是为了乘客行走时的便捷，另一方面也是基于安全考虑。主要布局一般就是最外面为阳台房或海景房，然后是通道，有的邮轮有内舱房或公共区域，然后对称过去又是通道、外舱房等，基本上格局都是这样。

　　进行邮轮总体设计时还必须考虑以下几个因素：第一，人流路线的规划。从乘客登船开始，到入住，再到航行中的船上活动，直至最后离船的整个流程的通道要通畅，还要满足应急撤离的规范要求。乘客的人流路线要与船员流线尽量避开。第二，物流路线的规划。因为邮轮上涉及大量的物资消耗以及宾馆服务，如送餐、脏衣服收集、清洗、派送等，因此，必须考虑物流路线的通畅。同时物流路线要尽可能短，尽量避开乘客活动区。第三，邮轮上的乘客电梯是非常重要的一个随向交通系统，设置乘客电梯时必须综合考虑乘客的各种活动区域。一般来说，10 万吨以下的大型邮轮不能少于 12 部公共电梯；15 万吨总吨级的邮轮不能低于 16 部公共电梯。这些人流、物流和电梯都属于通道，在总布置时都要进行精心规划。

　　另外，总布置时还必须考虑刚才讲到的邮轮的定制化问题。因为邮轮是为乘客服务的，乘客的一些喜好必须在邮轮中有所体现。我这里列举中国游客喜欢的一些娱乐休闲设施，比如中国游客特别偏好游泳池和购物，但是对健身和 VR 这种娱乐设施的偏好比例就相对较少。那么我们在总布置规划时，就可以把泳池、购物等区域适当放大，把乘客不

太喜欢的一些区域适当缩小。

第三部分是法规、规范和指南。毫无疑问，邮轮必须遵守主要的国际公约、法规，如SOLAS、MARPOL、救生规范、国际劳工组织公约以及各种防火规范等。接下来我简要介绍对邮轮设计影响比较大的几个规范。

第一个是 SOLAS 2020 破舱稳性。这是 2020 年 1 月 1 日生效的，破舱稳性对邮轮这种典型客船，在邮轮总体设计、邮轮总布置的主尺度规划方面影响非常之大，将大幅度推进邮轮的大型化趋势。

第二个是 IMO（International Maritime Organization，国际海事组织）全球限硫令。提醒大家注意一下中国对国际航油的气体污染物排放量的限制要求。目前主要解决方法是邮轮采用"高硫油（重油）+ 脱硫塔 +SCR"的组合方案，但会大大增加机舱和机舱棚的布置难度。

第三个是国际劳工组织公约。其实这个公约已经生效很久了，对邮轮来说它的影响非常之大，因为邮轮上的船员数量实在是太多了，有上千人。那么对于这上千人的房间，按照我们统计，以前船东对船员设施中的船员房间不太重视，和公约的要求差距相当大。试想一下，几百个房间，即使每个房间都小一点，累积起来总量也会很庞大，需要很大的甲板空间来布置船员舱室。

第四个是 EEDI（Energy Efficiency Design Index，能效设计指数）第三阶段。EEDI 第三阶段已经提前到 2022 年 1 月 1 日生效，EEDI 对大型邮轮的影响也很大。一般来说，现在大型邮轮满足第一、第二阶段没有问题，但与第三阶段还有一定距离。对此，邮轮应对的第一个方式是降速，当然降速取决于运营方。第二个方式是节能，减少能量消耗，采用新型节能装置。另外，还可以增加总吨位。常规的型线优化空间实际上已经比较小了。

第五个重要规范是 SOLAS 2020 客船撤离分析，要求在进行邮轮设计时，必须对撤离过程进行强制分析，优化通道设计。

第四部分是邮轮的主尺度选取及总体性能。主尺度的确定，按我的理解，其实跟常规船舶考虑的内容差不多，但也有一些需要特别考虑的方面。比如，邮轮的船宽跟通常的船宽有点区别，它的最大船宽出现在救生艇的外挂位置。另外，设计邮轮航速的时候，也必须考虑邮轮将来运营

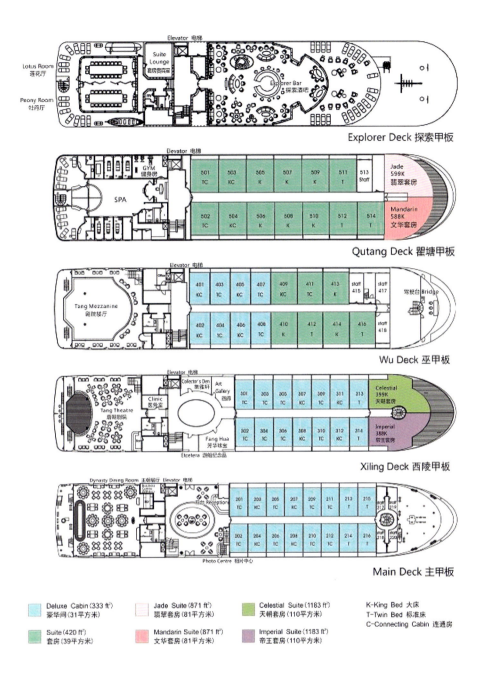

的区域，比如，从中国上海到日本大概需要 4～5 天，就必须进行航速规划。

阻力性能方面，从现在的趋势来看，采用直艏方案的邮轮比较多。另外，也要研究尾部节流板、压浪板等对邮轮设计的影响，这是根据船型、航速以及主尺度决定的，是因船型而异的，不能一概而论。

从邮轮稳性来看，它的完整稳性问题不大，主要问题在于破舱稳性，尤其是 SOLAS 2020 生效以后在尺度规划方面需要引起注意。因为采用减摇鳍，所以邮轮的耐波性相对来说还不是关键问题，我建议邮轮的横摇周期不低于 15 秒。个人认为，邮轮操纵性不需要太关注，因为邮轮本身是采用全回转推进器，首部配有侧向推进器，有的邮轮即使采用轴桨主推进的方式，尾部也通常装有侧向推进器，所以操纵性满足 MSC437 这个要求问题不大。

风舒适性也是邮轮比较特殊的地方。简单来讲，风不能太大，风太大人受不了，风也

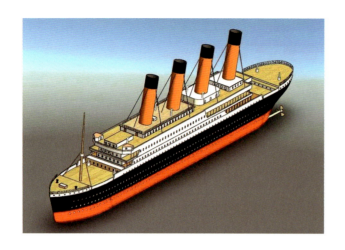

不能太小，风太小空气不流通，所以在设计阶段必须先进行风洞或者 CFD 模拟分析。另外，烟囱排烟的舒适性也很重要，烟灰不能落在行人身上。

邮轮涉及几个特殊点，一个是安全返港系统评估及设计，涉及十多个重要系统，以及安全区设置、大规模人员有序撤离等技术，涉及的设备、管线、电缆等体量极大，是大型邮轮研发设计的难点之一。

再就是超规范替代设计。替代设计的目的是满足船东意愿，并不是满足规范要求。满足船东意愿就意味着乘客能够突破规范的限制，得到更舒适的空间。比如，一艘船原来是 4 艘救生艇，现在可以采用 2 艘更大的救生艇，人数大体是一样的。但是这两艘大救生艇容纳的人数超过 150 人，已经超过了救生设备规范的要求，那么我们必须进行替代设计。如果采用 2 艘超大型救生艇，安全性能也是符合的，就没有降低安全性能。再比如，一艘船采用 78 米长的主竖区，已经超过了 SOLAS 要求的最长 48 米的限制，但有利于总布置和功能实现，所以要进行替代设计。

安全返港大家都比较熟悉了，我在这里就不再论述了。我想说一下人员撤离分析。邮轮的特点就是人多，乘客加船员多达五六千人，人员的及时撤离分析涉及通道设计，因此必须重视，也要进行仿真模拟。首先要满足规范，其次通道必须宽敞，但也不能过于宽敞而导致很多总布置没法做，所以必须采用软件进行高级测评分析和通道堵塞预测等。

大型邮轮对重量、重心控制和振动噪声控制要求极高。首制国产大型邮轮的空船重量偏差要控制在 1% 以内。标准乘客住舱的噪声限值仅为 49 分贝，而商船只需满足 MSC.337(91) 的 55 分贝的要求。

我要强调一下无障碍设计，无障碍设计目前在其他船上提得比较少。无障碍设计的重要作用是满足行动不便人士，包括老年人、肢体残疾人等在上船时能够比较舒适地移动，不会影响他们登船，这也是邮轮人性化设计很重要的一个方面。无障碍通道必须通达各个舱室、各个公共区域。简单来讲，就是要让行动不便、坐轮椅的旅客能自己"走"，不能出现不方便的地方。另外，无障碍设施如无障碍厕所、无障碍电梯、无障碍轮椅停放区，以及给盲人或色弱人士、听力残障人士提供信息指导的无障碍信息设施等，在邮轮总布置中都必须考虑到。

总之，大型邮轮的设计难度还是比较大的，尤其是国内设计经验不多，在船型、吨位、定位、航线、风格、设施、性能以及环保措施等方面缺乏丰富的专业知识和经验。在进行大型邮轮设计时，面临许多专业化的问题，比如 LNG Ready 服务在国外已经成为趋势，我们是否也要考虑这个方面？在传统推进式中都没有实战经验的情况下怎么去做 LNG Ready？如何做才能更好满足公约、法规、规范的要求？如何有效减少振动噪声？如何搭建大功率综合电网？如何提升自动化水平？如何构建安全管理系统？邮轮庞大的空调系统怎样去优化？如何提升网络化服务平台质量？这些都会给邮轮总体设计带来难度，同时邮轮总体设计必须与其他系统相配合，做好总布置设计和规划。

邮轮游艇设计教育与人才培养模式

罗伯特 · 赫德尔斯顿

罗伯特·赫德尔斯顿（英国），教授，博士生导师，皇家艺术学院艺术硕士，前伯明翰城市大学艺术学院院长，前南安普顿大学温彻斯特艺术学院院长。

刚刚得知本次论坛的主题的时候，我内心有一点慌张，不知道自己是否能够为这个论坛提出真知灼见，因为我从来没有乘坐过邮轮。但是后来我想到自己的爷爷麦克瑞，他是一个颇有名气的造船公司的总工程师，这个公司是 19 世纪末成立的，当时它主要建造货船，后来发展成世界上最大的船舶制造公司之一。当我想到了自己和祖父之间的这样一个渊源后，才感到自己有能力和经验在论坛上就话题进行发言。首先给大家介绍我自己的一些情况，在此之后再针对论坛主题进行分享。

我毕业于皇家艺术学院，皇家艺术学院在教学过程中将研究和教学联系起来。我也进行过很多设计工作，并且在教学过程中有比较丰富的经验。在两种不同的行业中，我一直思考如何能够进一步地探索这个学科。我们都知道，随着时间的推移，这个行业会发生很多变化，所有的学科从来不会沿着某一个固定的模式发展，它们往往都会迎来革新，这对于我们今天的论坛主题而言是非常重要的，对于邮轮和游艇方面的发展，还有图解肖像方面的发展是非常有利的。我们需要有非常广泛的跨学科知识来帮助我们做好邮轮和游艇的设计工作。

设计与教学是本次论坛的重要话题之一，通过这次论坛，我们可以深刻认识邮轮和游艇的美学设计，也可以了解到现代船舶工业的运营模式，对将来的发展起到巨大的推动作用，对邮轮产业、对设计教育，甚至对各学科的发展与融合，都有很大的促进作用。与此同时，这有助于我们更好地处理复杂的设计准则，并有可能为联合国可持续发展目标做出贡献。我一直希望在邮轮设计领域中探索大家还未考虑过的领域，并为该领域提供一种可持续发展的设计方式。

事实上，许多船只都有可以打动人心的地方，能够给我们带来一些启迪。首先，从一张记录苏伊士运河开通时的照片开始。这

是一张非常富有感染力和具有深刻主题的图片，它反映了从帆船动力到蒸汽动力的过渡。拖船正在把帆船拖到最后的停泊处，然后拆解。第二张也是一张非常富有感染力的图片，现存放在维多利亚和阿尔伯特博物馆。这是一幅体现船只机械美学的作品，在 20 世纪初备受重视。第三张是 1966 年由马尔科姆·莫利创作的一幅描绘一艘班轮的写实主义绘画。在这之后，我们被普遍认为进入了邮轮黄金时代。

邮轮黄金时代是如何影响现代主义的建筑和设计呢？ 2018 年，维多利亚和阿尔伯特博物馆举办了一场展览，展示了远洋客轮如何塑造现代世界。在展览的一幅作品中，我们可以看到它运用了夸张的透视，反映或者赞美了海上运输的机械化。艾琳·格雷大约在 1925 年设计的一把躺椅，其设计灵感来自于客轮甲板上的躺椅。这些都是邮轮黄金时代影响现代主义设计的例子。

现在我想与大家分享一些纺织品的设计和研究项目。我作为一个联合研究者，在瑞士的一个重要项目中，在邮轮行业中做了一个纺织品的设计项目。这个研究项目的目标是希望能够实现产业化，研究内容是使用激光对纺织品进行处理。该技术由 Sharon Wares 研发，这一研究展现出激光系统还能够应用到其他的工业行业。事实证明，激光技术确实可以帮助我们处理纺织品。这是一种创新、一个伟大的发明，展示了一种全新的处理纺织品的方式，并且将激光技术从一个领域引入另一个领域，实现了科学技术的自我拓展。

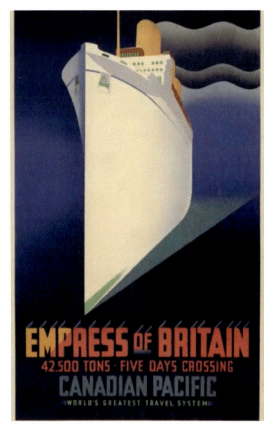

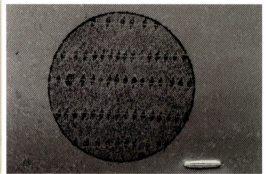

现在我们来认识一家公司，它和创新性的纺织品相关，生产一些非常具有创新性的纺织品以供给一些高端服装企业。公司会创造出一系列非常有创新性的材料，提供给时尚风格设计师，并将其应用到很多奢侈品行业，比如 LV 等，它们都是时尚领域的佼佼者。最近几年也有一些室内的纺织品及相关材料，是非常轻质化的纺织物，被金属化了，这是最早的能够把纺织品金属化的一种材料。

在纺织领域，公司还有其他的一系列创新。比如，在 2006 年的时候，第一次使用激光在机器上完成编织中的刺绣工艺。公司早在 1965 年就首先实现了金属亮片的机械化生产，在 1998 年实现了闪光装饰片的机械化生产。公司也在不断拓展激光技术的应用场景，在这个案例中，它实现的是一种切割纺织品的创新。

在公司实现这些技艺的工业化、产业化的过程中，我和公司进行了一些合作，获得了一些经验。这家公司不断追求创新，因为商业发展需要不断地创新。另外，在纺织品领域，技术和材料都不断地被人们所研究，并且得到定制化的发展和不断的开发，我们需要采用广泛、多样且灵活的新工艺和新技术，推动纺织领域的发展。

我想跟大家分享的是，一方面，我们要会利用公司内部固有团队的各项能力和经验；另一方面，我们要学会与外部其他行业或领域开展跨领域的合作，借助他们的能力和资源。我认为，对于今天的论坛来讲，这是非常重要的一个观点，就是要跨界合作。合作网络一定要搭建得足够宽泛、足够广阔，这样才能够帮助我们找到新材料、新技术、新工艺。生产商、大学都要囊括到我们的合作网络中来。

我们在大学设计教育类项目中也开展了一些合作，我将把自己在英国高等教育系统中的工作经验与大家分享。 我认为，进一步推动跨学科教育项目最主要的障碍是文理科的差异性。文科生和理科生进入大学的考核资质、录取标准是不一样的，这意味着文理科合作开展研究项目时会遇到一定的困难。

比如我曾参与过一个课程开发的教育项目，当时我们想探索出这样一种可能性：看有没有可能开发出一个新的本科教育项目，它能够跨越艺术学和设计工程学。要想实现这两个领域的跨越，其实是有难度的，因为需要跟很多部门探讨，这是一个最大的障碍。这个项目在当时并没有发展得很好，这是令我们感到不甚满意的一个状况。但是我们希望能够找到一个基于科学和艺术的学科方法，能够把设计和新技术（包括材料方面和制造工艺方面的技术）结合起来。我们都知道，对于学生来讲，这种跨学科的方法非常重要，有各种方法可以实现，比如说可以设置选修课，来帮助学生扩展他们的视野。现在讲座时间是有限的，所以我就不针对选修课这一点来展开阐述。

我们知道，大学有两种类型的课程，一种是以实践为主导的，一种是以研究为主导的，在大学中这两种类型的学位课程可以进行一些交叉。对于一些研究型的学科而言，可以设置更多技术

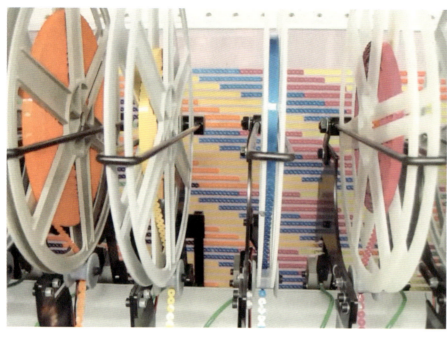

方面的实践课程，如果能够让学生去学习这些实践课程，他们将获得更多的实践经验。比如说南安普顿大学设有光电子学，学生通过学习可以了解各种激光系统，这些课程是非常重要的。学院在学位方面的合作，我认为是非常重要的，希望在建立合作关系及进行联合培养时不要过度关注其入学标准是否完全对应，应该找到创新性的方法，以便能够实现学位的交叉，让学生在学习过程中得到更多的助力。我在上海参加了纺织设计专业博士生的教学和培养，我也会教授学生关于光电子学方面的一些知识。我们的学生也参加了一些实验和检测，并和我们在瑞士的公司展开合作。可以看到，产学研三方合作在学生培养过程中得以实现，光电子学科以及一些其他学科都可以得到很好的融合发展。

下面进入下一个重要的话题。我们可以想象一个关于邮轮的纺织设计项目。针对这个项目，我们先构想出一个框架，这个框架包含一些理念，还涉及系统性思维。所谓系统性思维，就是要去了解到底万物是怎样实现内在的互联的，互相依赖的关系是怎样发展的。基于这个框架，我们会通过跨学科、跨领域的产学之间的合作来实现设计项目。我认为这是一种重要的思维方式，这种方式可以帮助我们去思考整个系统到底包含哪些要素，又有哪些要素可以嵌入我们的整个教学框架当中，能够嵌入邮轮的纺织品设计项目当中。

我也在思考和想象，一艘高度复杂化的、像城市一样大规模的、由多层楼组成的邮轮，这当中可能会包含一系列重要的维度，包括文化维度、社会维度、环境维度和技术维度。这可以被看作是一个极其复杂的、高度包含性的人项目，纺织是其中的重要一环。我们对邮轮纺织品的设计，可以帮助解决可持续发展相关的问题，与联合国的可持续发展议题保持同步，帮助实现联合国教科文组织的各项发展目标。举例来讲，我们现在的纺织技术，除了能够确保纺织品符合材质要求，还可以帮助我们对纺织品进行修复，而不去替代原有的一些材料。另外，我想提醒大家关注的是，让我们的纺织品设计师和其他学科的设计师展开合作，一些非设计的专业人员和其他的利益相关者，只要是和邮轮设计项目相关的人员都可以展开合作。这些都是我认为在这个项目的框架当中有助于实现可持续性设计的一些相关的要点。

可以对邮轮纺织品从头开始进行设计，这是非常重要的观点。我们可以把美学还有一些其他的维度纳入其中，能够通过象征手法表达，能够从邮轮的各个方面进行一致化的表达，从而在邮轮设计过程中实现一种整体性，使设计理念能够非常完整地呈现出来。

我认为这样一些理念，这样一些思考，对于我们这个设计项目来讲，甚至放到一个更大的邮轮设计项目当中，都是十分有益的，甚至能够帮助我们创造出一种对全球具有影响力的新的设计思潮。那么这种对全球有影响力的新的设计思潮，就可以对我们的发展有新一轮的大影响，能够反映出我们对当代、对未来可持续发展目标的积极影响。

我认为还有一点非常重要，那就是我们要融入国际网络，在国际化市场上进行宣传并获得技术支持，以一种非常有效、实用的方法，使得我们的产学研之间的合作可以实现。举例来讲，我们有一些进入市场中的实战项目是非常重要的，因为有些问题只有在非常复杂或者非常真实的场景当中才会遇到。这样的实战项目可以帮助学生快速成长，使得他们去不断思考是否要去深造，是否要进一步展开科研工作，还是说进入一个更加具有活力的实践市场中进行深度学习。他们可以更好地对未来进行思考，推动产业发展。我认为这也是本次论坛的精神要旨所在，这是我自己的一些思考。总之，我认为这种走进社会的实践型项目，对于学生来讲是一种非常有效的、实用的方法，能够进一步强化我们本次论坛想要彰显出来的原则和精神。

在结束今天的演讲前，我想感谢主办方能够给我这次宝贵的机会，在这次重要的高峰论坛上表达我自己的看法。我只是想借此机会表达：最重要的往往是使不同的人能够聚集到一起，能够各抒己见，互相交流，只有这样才能集结群众的智慧，不断地把一个项目向前推进。

从古代型制到现代帆装的帆船

蔡薇

蔡薇，中国造船工程学会理事，全国小艇标准技术委员会委员，博士生导师。

　　大家好，非常高兴来到这个论坛。今天，给大家分享的是我在多年船史研究和设计研究基础层面上的一些知识和经验。帆船是大千世界里千万种船型中最不容忽视的一种，它独特的发展历程或许能为我们的设计带来一些启示，我的分享也将以此展开。

　　从古至今，船型、帆装设备，甚至于整个船舶系统都发生了翻天覆地的变化，追溯其历史，它们也以充足的线索带给我们一些启示。我们来看看古代和近代的风帆。

　　提到风帆的发明，就不得不提及人类历史上的四大文明古国。古埃及是人类文明起源之一，早在公元前 4700 年的一个埃及陶罐上面就出现了帆船形态的印象画。在这个帆船形象中，船的桅杆上面支起了一个风帆，位于船的首部，尾部有一个类似航架的结构，这样的形态就是最古老的帆船形象，也是人类文明史上最早发现的帆船形象。

　　在古希腊文明中，对于"船"这一概念也有相应的记载。在古希腊文明时期的一些器皿上，比如公元前 3000 年古希腊南部希罗斯群岛的祭祀器皿上，出现了一个被称为"桨船"的形象，此时的桨船已经具有了现代撞角船的基础。同样，在地中海也出土了一只古希腊文明时期的口杯，杯上记录了一艘撞角船，这只撞角船上面还出现了现今船上有的彩绘，船上用彩绘的形式画了眼睛，眼睛就是地中海海船特有的"船眼"。我们中国的船也有"船眼"，两种文明不约而同地用眼睛来表达了舟船上面的一个特殊的符号。

　　提到航海就不能不提到腓尼基人，腓尼基人以著名的商业航海贸易而闻名。他们驾驶的帆船上面已经没有了桨，这就是著名的希波船。腓尼基人在地中海文明当中扮演着非常重要的角色，他们经商、贸易，驾驶着船在地中海区域内游弋。随后，通过造船技术的革命发展，腓尼基人的船型有了跳跃性的发展，从楼式的战船到后面双桅海船，这样的发展变化体现在它的浮雕上面。在古希腊文明中，我们还看到陶瓶装饰画，它所画的也是撞角船，船侧还有 17 名桨手。而把风帆战船运用得最好的是古罗马人，从古罗马时期的马赛克画中也能够看到公元 200 年左右的古罗马帝国的船型——两桅帆船。

其后，在公元 800 年，世界航海史、造船史上另外一个重要的角色出现了，就是维京人。他们的船在北波罗的海一带称雄数百年，那么他们当时的船是怎么样的呢？是目前最古老、保存最好的海盗船，它在瑞典的海事博物馆中展出。这艘船的型制非常完整，中间有一根桅杆，风帆的样子还不知道，但这却是保存最完整的海盗船，也是我们所说的维京船。之后北欧出现了一种不同于单层甲板的维京长船。在随后发展中，这种船的首部和尾部出现了一些构架，这些构架我们可以说是最原始的船楼，也有人开玩笑说它们好像违章建筑。它们确实没有规范，并且很简陋，但这是一个从单甲板向船楼过渡的形态，是特征非常显著的柯克船。晚期柯克船的尾楼已经成形，固化了，就是我们现在的一些船楼。船体的上层建筑有首楼、桥楼和尾楼，而晚期的柯克船中尾楼已经固化。

当维京人在北海和波罗的海遨游的时候，在欧洲南部的葡萄牙，他们面对的是凶悍的大西洋，而在大西洋柯克船已经不适合远途航行了，那么怎么办呢？葡萄牙人通过和阿拉伯世界交流（因为他们和阿拉伯世界的距离比和北欧的要短得多），意识到阿拉伯人的三角帆其实是一个极具潜力的船型。受阿拉伯三角帆影响颇深的卡拉维尔船，是由客船发展而来的一种大型船，也是一种横帆船，它把主桅变高，在尾楼上面增加了桅杆。

哥伦布的船队有三艘船，一艘圣玛利亚号，还有两艘小船，就是我们刚才所提到的卡拉维尔船。下面说说典型的克拉克船。在西方壁画中，有非常多对克拉克船的描绘，它的侧面看起来像字母"U"，也就是高大的首楼和尾楼，看起来非常雄伟壮观，但是重心太高，不稳，转动不灵活。在当时的远洋航线上，克拉克船和卡拉维尔船是非常典型的主力船型。16 世纪，由克拉克巨舰改良而来的西班牙大帆船——我们所说的高伦帆船出现了。西班牙大帆船在西班牙成为"海上霸主"的过程当中一直扮演着重要的角色。和卡拉维尔船、克拉克船相比，西班牙大帆船的前甲板比较矮，它的帆装也是多桅的，还有多层甲板，外观上十分雄伟惊人。

晚期的西班牙大帆船的船体比较粗胖，不够灵活，转

动也比较吃力，因此这种船型很快就被超越了。这个超越特别体现在西班牙无敌舰队和英国舰队的几场著名海战中，英国就是靠着他们后面发明的灵活船型战胜了西班牙无敌舰队而成为新的海上霸主。从海上霸主易主的过程当中也可以看到，在地中海和欧洲南部，受阿拉伯与欧洲文化交融的影响，也有其他的一些创新，比如加莱战船。加莱战船是奥斯曼帝国和基督教联合海军在勒班托海战当中使用的船型，而 1571 年后，这种桨帆船则彻底退出了历史舞台。

随着大航海时代的开始，海上出现了可以装载百门大炮、千名水手的巨型帆船。然而帆船海战的真正主角并不是那些巨无霸战舰，而是快速的小型巡防舰。它们的帆装越来越复杂，整个船体我们则称之为 Free gate，今天巡洋舰的英文就是来自于这种小型巡防舰。这种船型在英国与西班牙无敌舰队的对抗当中发挥了极其重要的作用。同时，英国海军还对许多以前的战列舰进行了一些改装。无论是克拉克船还是西班牙的无敌舰队，现代舰船整个侧面的上层建筑已经大大缩小，风帆的尺度、整个体量都比以前更加合理。例如英国皇家海军战列舰胜利号，这艘船曾经用掉了 6000 棵橡树，非常昂贵。英国皇家海军不舍得让这样一艘昂贵的船投入战斗，因此这艘战列舰只是在高等军官开会时使用，它停靠在港口的时间远远大于航行时间。

15—16 世纪，荷兰人被称为"海上马车夫"，而他们的船型就是典型的荷兰船。在东印度公司所配置的船队中，这种船型发挥了非常重要的作用。船上有高耸的桅杆，一般是三桅，风帆升起来既有横帆也有纵帆，纵横帆船是交织使用的，其中特别是纵帆船得到了一些发展，因为从空气动力学的角度，纵帆船所获得的推力要大于横帆船。1902 年，大型钢质的七桅帆船上面安置的都是纵帆。

看到了西方的帆船，那亚洲又是怎样呢？我们中国的古帆船其实在郑和下西洋之前，应该是遥遥领先于世界帆船发展水平的。甲骨文是中国最早的成熟文字，在甲骨文中，我们可以看到关于船的记载。大家看看甲骨文里面的"舟"字，是一个木板纵横交错的结构，已经不是独木舟了，而是有非常完备的加工船板、连接船板，拥有浮举能力的"舟"。再来看一个典型例子，在出土的一个鼎上面刻有很大的甲骨文，经考证，这就是中国汉字中"游荡"的"荡"字。那么"荡"是什么意思？它有两个人在"舟"上，也就是在船上。一个人拿着当时的一个用于以物换物的物品，另外一个人在

船尾拿着桨。所以他们是乘着船在水上，这个字就是我们最早的"荡"字，是在汉字考证当中的"荡"字。

在出土的一只春秋战国时期的铜锌上，就发现了一只帆船的船纹，上面已经有"帆"字了。在古代汉字里面"帆""飌""飃""忛""颿""飘"都是指"帆"，也就是说，至少在春秋战国时期就有了我们所看到的"帆"字（当然甲骨文里的"帆"字我们无从考证）。

还有唐代敦煌壁画上也绘有"唐代海船"，它位于莫高窟的第45窟中。莫高窟距离海边有几千公里，而几千公里之外的戈壁滩上竟然画有海船，而且还不止一幅，其中还有一艘双尾船。也就是说，当时船的影响已经广泛深入到中华大地，甚至于几千公里外的内陆之中。通过元代的绘画能够看到当时使帆操舵的技术。元代王振鹏的《江山胜览图卷》中出现了沙船，明代仇英画作当中还有使帆、摇橹等场景。中国古船的巅峰是郑和下西洋的大宝船，它是9桅12帆，组成了当时气势宏伟的宝船船队，在史料当中都有记载。

清代时，日本人在港口看到来往的中国船，他们用非常精致的画工把整艘船都绘制下来了，也因为他们一直称中国为"唐"，所以就取名为《唐船之图》，画的船实际上不是唐代的，而是清代的中国船。琉球就是今天的日本冲绳。由于明代琉球是一个国家，于是明代皇帝隔几年就要派船到琉球去册封，所以就有了"封舟"，它也是中国古代一个著

名的船型。对于封舟的记载，有明代的封舟，也有清代的封舟。晚清的时候，由于广东开放得比较早，在晚清绘画当中也可以看到中国帆船在江面和近海的一些印记、印象。

中国古代的船型分为三种。第一种叫广船，在明代戚继光抗倭当中的《筹海图编》有记载。在2003年的时候我还见过最后的广船——金华兴号，它最后沉没在珠海。第二种船型叫福船。福船，顾名思义，来自福建福州，而且福建福州也以福船而著称，它适合于远洋航行，明代戚继光在抗倭时也采用了福船。第三种船型叫沙船，沙船适用于内河，中国上海地处长江入海口，里面的滩涂比较多，当涨落潮的时候船很容易坐底，怎么办？那么就用沙船。在亚洲，日本和韩国的船型深受中国文化的影响，我们不难发现，日本绘画上面所记录的一些船型，很多都有中国船型的印记，比如近代日本画工画的朱印船、《唐船之图》中的暹罗船、末吉船等。

到了近代，由于中西方文化的交融，特别是大航海时代，西方的一些航海和造船技术也影响了亚洲的技术发展。我们可以看到，400多年前首航欧洲的伊达丸号，它已经有中西方式的混合了，特别是帆装。外国人留存的中国绘画有很多，它们非常真实形象地展现了当时各个时代的中国甚至是亚洲的一些传奇。近代风帆浩官号是由一位中国富商所订的，从中可以明显看到，这时的西式帆装已经真正影响到

整个中国的商船船型，它是一个准飞箭船型，航行于中国和欧洲来进行海外贸易，因为它航行速度快。

帆船发展到今天，经历了蒸汽机、柴油机、电力推进系统，现在我们的风帆该何去何从？今天的风帆又有哪些改进和演进？

我们来看一看，传统的帆式动力船仍然在发挥作用，特别是在一些旅游船上，还有一些运动船上，都有非常多的应用。那么不管是从显示度、外观还是参与度上，它都能很好地吸引游客，因为人们坐船时很重要的一点是体会航海的乐趣。帆船中仍然有很多传统的风帆动力船，当然，风帆动力船也配置了柴油机，或者其他的一些推进装置来相辅相成。比如，美国帆船公司在独桅帆船上面配置了帆，达到了节油的效果；英国为了吸引游客，就设置了双桅帆船；有的游艇也进行了诸多的改良。从一般的风帆到翼帆，都有一些点睛的设计和科学实验。

在今天全球气候协定、环境保护协定、碳排放协议达成的大环境下，我们也重新审视了帆船的发展，包括帆船技术的提升。今天，有更多形式的风帆出现在大家眼前，比如说这种翼型风帆，这是大船集团的科研船，他们安装了2对，

也就是4个翼型风帆。这种翼型风帆是可以转动的，当然它是硬帆。大船集团更多是通过它的测试实验和建造来看它实际助航的效果、操纵的效果，还有节油的效果。日本在节能方面也是不遗余力地开展技术研发工作，比如新爱德丸号以及刚才我们所说的未来船型——风挑战者号。

在这些船型的演进过程中，有一些竞速帆船，它的帆与古代的帆和近代的帆有非常多的不同：它的翼帆，帆的两个部分以及帆的操纵都更加现代化。另外，我们还有一种天帆系统，这种天帆系统就像我们的风筝系统一样，它应用于船舶，是可控的。比如德国的一艘试验船，试验了天帆系统，叫作白鲸天帆号。

在100年前，荷兰人对转筒帆就已经有了尝试，通过转筒来形成一种高效的帆，这也是推进船舶运动的一种方式，其中E-Ship 1号和SEA-CARGO号都加装了转筒帆。另外，有一种帆叫作抽气式涡轮帆，在转筒帆上面还有一些抽气板、抽气孔等，使转筒帆更加高效地产生风帆的推力。还有一种可倾倒式帆，它的桅杆在过桥或经过有限制的水域时可以有一定程度的倾斜。

到目前为止，各个国家，各个船级社，还有一些辅助

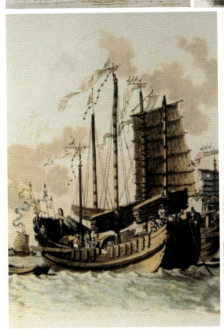

设备建造商们，对风帆的形式效能、混合动力装置和节油途径都有非常多的探讨。风帆仍然是主要的助航装置，将来它成为主动力，我们也可以计日以待。如何提高风帆的使用效率，也是我们目前要研究，或者说要探索的主要目标之一。

最后，我把我们团队今年所做的一些工作也给大家简单介绍一些。我们对生态品质游艇技术，特别是对智能帆船做了一些探索，包括沿着轨道转帆与升降的风帆，还有一种可分段、可扇形折叠的风帆，对风帆的收放也做了一些探讨。同时，还有一种可变型滚筒帆船，若使它的面积与船舶性能相匹配，将会达到比较好的效果。另外，我们中国的帆船是非常宝贵的文化遗产。我们也设计了一些中国古代帆船的船型，同时进行了建造，在中国（海南）南海博物馆、中国海洋博物馆等展出，在千岛湖等地也都得到了应用。目前，我们团队正在进行一些中式帆船的研发，中式帆船继承了中国古代帆船的一些优点，同时也融入了现代船舶设计的一些理念和技术。今天，我将帆船的历史文化、船型和风帆技术的相关知识在这里分享给大家，谢谢大家聆听，非常感谢。

大型邮轮咖啡厅空间设计　　设计：潘长学　　时间：2023 年

大型邮轮啤酒花园空间设计　　设计：潘长学　　时间：2023 年

豪华船舶室内家具设计及国际豪华邮轮之未来展望

廖子社

我主要聚焦于"豪华船舶室内家具设计及国际豪华邮轮之未来展望"这个话题。在演讲的第一部分，我将对我曾经做过的一些设计项目进行案例分享。在演讲的第二部分，我会回顾自己曾经的一些设计方法，并且为大家仔细地去剖析我的设计思路和设计背后的逻辑。让我们进入第一部分，也就是案例分享环节。

我们来看第一个案例（图1）。画面上是这艘邮轮的抵达登记接待大厅。我采用的设计风格是现代、简约，给人优雅和奢华的风格印象。为了实现上述设计风格，我使用了环保型材料，其中有反光金属天花板、环保阻燃墙板、玻璃板和石板。

图中展示了主接待大厅的分区。这个大厅被分成了三层，每层只有2.3米高。直面我们的是内部扶梯，它贯穿上、中、下三层。扶梯的右侧是室内升降梯。画面的最右侧是手扶电梯，游客通过手扶电梯进入一层之后就可以进行登记，办理入住。从一层也可以通往其他宾客活动区域。

这张图（图2）从正面展示了接待区的设计。这里采用透光背

廖子社（中国香港），香港室内设计师会专业会员，科艺创作有限公司执行董事，上海泓舫船舶工程有限公司合作设计师。

图1　接待大厅

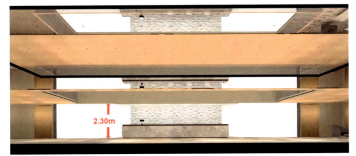

图2　接待区设计

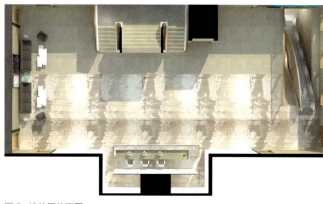

图 3 接待区俯瞰图

图 4 接待大厅侧视图（1）

图 5 接待大厅侧视图（2）

图 6 不同材质的应用

景墙，营造出明亮的空间感，同时也让它成为无法忽视的目的地。这里我们用光源作为背景墙。由于邮轮的室内空间高度是非常低的，我们对天花板做了一些特别的处理。我们选择镜面金属材料对天花板的表面进行装饰，这样从视觉感受的角度来说，它的视觉空间高度比实际层高更高，这是金属反光材料带来的一种视错觉。我们同时还搭配使用一些木纹金属复合型材料，来营造出热烈欢迎的环境氛围感。整体环境给人一种非常现代的风格。除此之外，整个空间内使用了非常淡的浅肤色，局部搭配了金色，因此，它还能给人一种奢华的感觉。

我们再来俯瞰一下接待区的布置图（图 3）。图片上部中间位置是内部上下扶梯，图片右侧是手扶电梯，左侧是落座区。这张图让我们从另外一个视角看人们从室外进入大厅所看到的视觉效果。

我们再切换一次角度，从另外一个侧面观看接待大厅（图 4）。从这个角度我们能看到上、中、下三层的内部扶梯。它们也采用了与天花板一样的镜面金属材料，再次强调了空间感。在图中，我们还能看到电梯大厅和接待大厅的休息区布置情况。这些休息区都连接着宾客活动区域。

这张图（图 5）是接待大厅的另外一个观看角度。它展现出落座区、楼梯、镜面反光区。这些镜面反光区都是为了从视觉上提升空间高度，让空间显得更加宽敞。

现在谈一谈我对设计选材的一些考量。我们会使用一种装饰性的生态板。在生态板黏合上，我们所使用的乳剂是无毒的，并且非常易于应用在表面阻燃的装饰材料上。从结构上来说，它们都具有较高的安全性。在装饰饰面选择中，我采用了均匀的多色色板，并且确保材料的耐火性，使它们具有不易燃特性的同时，也非常耐用。在金属材料及其配饰

图7 美甲沙龙　　　　　　　　　　　　　　　　　　　　　　　　　　　图8 零售店（1）

的使用上，金属材料本身具有高密度、高强度、耐腐蚀的特点。我特别想提一提无孔8μm层铝合金材料，这种材料不仅不生锈，耐刮伤，不易脱落，耐化学腐蚀，拥有均匀、个性化的色彩，还通过了盐水测试和二氧化硫测试认证，而且RoHS检测也显示它不含有毒乳液。所以说这是一款特别好的保护性材料。

以上就是我在设计邮轮接待大厅时所选的材料。无论是环保漆金属天花板，还是非乳剂型的漆料，抑或是阻燃环保墙板，我们都采用客观理性的态度进行选择，以符合环境友好的、可持续发展的需要。我们使用的所有零配件也都是非常耐用的，而且是环保的、不具有毒性的一些配件。

在开始选择建材前，我通常会浏览一遍选择检查表。供应地区或者供应商提供的材料必须充分符合我所寻找的材料特质。材料的主要来源是欧洲和中国的公司。如果从耐用的角度看，欧洲或者日本的材料更好。从外观的角度看，基本上欧洲、北美洲、日本和中国都是不错的选择。材料标准采用美国、欧洲、日本和中国的材料标准。至于建筑规范，要符合建设工程当地的要求。精加工需要用到铝合金、铜、不锈钢、铝材等板材，这些适合在海边使用。通常金属材料可以进行喷砂、抛光和拉丝处理。如果需要用到粉末涂料，要确保它适合海滨铝材的喷涂。防腐部分尤其要注意铝氧化

或者不锈钢氧化。颜色要求稳定，具有统一、均匀的颜色。材料还需要易于维护，不易剥落或刮花，尤其要求抗化学腐蚀，无毒安全。其中，无毒安全意味着材料必须是环境友好型的，比如通过RoHS检测，限制有害物质。还有一些需要我们关注的材料测试报告，包括二氧化硫测试、盐雾试验、抽离试验等。只有经过了测试且通过了测试，才能确保选材在之后投入使用的过程中有令人满意的效能。图6是不同材质的应用实拍图，它们增强了空间感。

接下来我将谈谈对未来豪华邮轮的展望。我认为，未来有三种不同的设计风格，会广泛应用到我们的可持续性设计中。它们分别是以艺术为中心的设计、重复单元设计，以及现代、简约、奢华和优雅的设计。

首先，什么是以艺术为中心的设计？顾名思义，就是在设计过程中我们将特别重视艺术元素的应用。上图（图7）是很久以前我们完成的一个以艺术为中心的设计案例。在这个美甲沙龙里，大家可以看到，艺术作品放在了非常重要的装饰位置。它几乎覆盖了美甲体验区域的整面背景墙。

为大家呈现的第二个例子是零售店的装饰效果（图8）。我们在墙面上放置了旅游目的地的风景照和抽象花朵的图片，整体上营造出一种非常强烈的艺术美感。背景图片的整体色彩是黑白的，周边配有金色的边框，能够呈现出一种大

气、奢华的感觉。黑白的色彩搭配让顾客一迈进商店时就会被吸引，马上沉浸到环境营造出来的艺术氛围当中。奢华是这种风格的一个关键词。

这是另外一个客房的设计案例（图 9）。我们同样也使用了倒置的花朵图片。花朵艺术图片的使用是为了营造出客房现代、简约的设计风格。

图 10 也是一个客房设计的例子。大家可以看到，床背后的墙上有一朵美丽的黑色花朵，它给房间增添了一些艺术美感。

我们也尝试将艺术美运用在办公环境里，比如图 11 的会议室空间。我们放大一幅艺术作品并且将它粘贴在墙面上。在开会的过程当中，背景墙会营造出一个不无聊的会议氛围。

图 12 的案例有些久远，它同样也是将花卉图置于背景墙面。

图 13 的例子是一个阅读休息室。在阅读休息室里，我们使用了非常多的家具，有阅读桌椅、储藏柜等，但它整体表现为现代、简约的风格。我们会用统一色调的桌椅，但在地面和天花板的选择上，选择了色彩多样的地毯和金属条镶嵌的天花板，这样的搭配是为了增强我们的阅读体验感。同时，背景墙上也用到艺术图案，这些图案延伸至整个背景墙。艺术作品可以营造出一种非常轻松活泼的感觉，所以人们就可以在阅读休息室中度过一个美好的时光。

下面是重复单元设计的案例（图 14）。这也是一艘邮轮的入口大厅空间，是一个两层的空间。我们尝试了一些新的做法，比如说上层空间的天花板部分的重复装饰。中心区

图 9　客房（1）

图 10　客房（2）

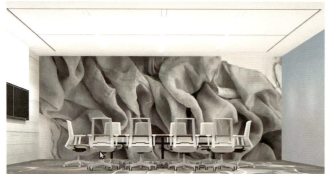

图 11　会议室

图 12　室内设计一角

图 13　阅读休息室

图 14　邮轮接待大厅（1）

图 15　酒店大堂

图 16　酒店多功能厅

图 17　贵宾休息室

图 18　自助酒店入住柜台区域

图 19　邮轮大厅

图 20　邮轮甲板

域是下层的等待区，这种装饰效果让人们无论是在等待办理入住还是等待某人时都可以放松下来，享受闲暇时间。

第二个关于重复单元设计的例子是一个酒店的设计案例。同样也是在进入大堂的区域，我们在整个墙面使用这种重复单元的瓷砖，并且所有的家具也会遵循非常合理的色调对比（图 15）。

这个例子（图 16）是酒店的多功能厅，在它的左右背景墙上是重复的绿色植被装饰图片。这些重复图案会使得整个环境的趣味性得到增强。

这是一个贵宾休息室（图 17）。在这个休息室中，人们可以休息、交谈、使用电脑，或者进行会晤，包括会议和社交活动。可以看到这里也用到了重复的方法去构建一个功能性很强的区域。

这个例子是自助酒店入住柜台区域（图 18）。自助酒店在人们办理入住手续时是没有人工参与其中的。所以人们进来之后只需要进行互联网登记，或者说扫描二维码，所有的入住手续就可以完成。

这艘邮轮大厅的设计（图 19）能代表豪华的装饰风格。背景墙和墙面装饰画能反映这种风格。我们在天花板部分采用了一些非常新的材料，让整个天花板的结构和材料都具有趣味性。

再来看看邮轮外部甲板（图 20）。中间部分是甲板的框

图 21 邮轮控制大厅

图 22 零售店（2）

图 23 零售店（3）

图 24 门板设计

图 25 邮轮接待大厅（2）

图 26 服务式公寓（1）

架设计，左边是甲板拉拢的状态，右边是开启状态。也就是说，甲板是可以开合的，晴天的时候可以打开它。

这是邮轮的控制大厅（图 21），后面有一个会议室。

另外一个例子是零售商店（图 22），我们也可以使用重复单元设计方法。

这也是一个零售商店的室内设计案例（图 23）。

这些是门板设计（图 24），也应用了重复单元设计方法。

大家可以看到，使用了这一设计方法后，可以形成一种非常强烈的集成效果。

第三种是现代、简约、奢华和优雅的设计风格。邮轮空间（图 25）也同样面临层高低的问题，所以我们在天花板采用了镜面金属材料，使得它的空间看起来更高，再加上简约的家具，以及背后的艺术作品，让整体环境呈现出奢华的感觉。接待台后面的背景墙，我们使用了 LED 屏。LED 屏

图27　螺旋式楼梯　　　　　　　　　　　　　　　　　　　　　图28　服务式公寓（2）

图29　大厅入口

图30　卫生间和现代餐厅座椅　　　　　　　　　　　　　　　图31　日式包房

图32　零售店店面设计

图 33　酒店客房

图 35　桌子再设计

图 34　豪华套房

图 36　水吧柜

图 37　吧台

图 38　前台

图 39　餐厅家具

幕呈现出水波流动的画面，给人动态的视觉冲击。它使这个空间更加灵动，人们在入口大厅就能体会到水带来的愉悦感。

　　这是一个服务式公寓的案例（图 26）。我们从上往下俯视，右边是一个盘旋而上的螺旋式楼梯（图 27）。这是另外一个服务式公寓的设计（图 28）。右下图这幅墙面采用了艺术作品进行装饰。右上图木纹天花板、背景墙与旁边的防火涂料墙面起到了对比效果。左边这幅墙画体现了现代的设计感。

　　这是大厅入口设计（图 29）。

　　这是卫生间和现代餐厅座椅（图 30）。

　　这是日式包房（图 31）。

　　这个是零售店的店面设计（图 32）。

　　这个案例（图 33）是香港酒店的客房设计。我们的设计开始于"标准客房看起来应该是怎样的"这样的问题。我们认为它应该布局简单，当人们进入后，能很快找到需要的物品。

　　这是我们做的豪华套房的室内设计图（图 34）。它的空间更加宽敞，不同风格的家具可以组合在一起。墙面和天花板会形成一个统一的风格。

　　这是一个桌子的再设计案例（图 35）。

　　这是水吧柜的设计（图 36）。

　　这是吧台空间区域的设计（图 37）。

　　这是前台接待处的设计（图 38）。

　　这是餐厅家具的设计（图 39）。

　　感谢大家的聆听！

日本 NSS 公司设计分享

宫本

大家好！我是来自日本 NSS（Nagasaki Sempaku Sobi，长崎船舶装备株式会社）公司的宫本，非常荣幸能够参加此次高峰论坛，并且借此机会为大家介绍日本 NSS 公司和分享我的个人经验。

我今天的演讲主要包括三个部分。首先是关于 NSS 公司的主营业务，我会向大家呈现公司的相关数据，以及我们为什么会从事海上业务。其次是 NSS 公司过去有关客轮方面的成就，还有我在公司的个人经历，以及我们现在和未来的工作内容。最后，我将介绍 NSS 公司在中国开展的项目。

首先我们从 NSS 公司的历史开始。NSS 公司的前身是一家从事家具生产制造的厂商，成立于 1894 年。NSS 公司正式成立于 1943 年。当时，随着日本船舶建造需求的增加，NSS 开始涉足船舶公共区域的设计和安装。我们的经营管理哲学是创造舒适的空间，并不断地为技术发展做出贡献。在过去的 78 年里，我们一直致力于创造舒适空间。我们试图通过提供值得信赖的产品，为实现富裕社会发挥重要作用。

公司的总部位于日本长崎。目前公司已经在日本的很多地方设立了办事处。在日本本土，公司共有 6 个事业部和 29 个分公司。还有 1 个分公司设立在中国台湾。NSS 大约有 400 名雇员，近千个合作企业。我们的主营业务是海洋业务，每年有超过 300 项与海洋相关的业务。

我们针对邮轮内部设计和安装的主要流程分为三步：第一步是策划与设计，第二步是材料采购，第三步安装和监管。

第一步的核心内容是策划与设计。我们公司有 40 多位经验丰

宫本（日本），日本 NSS 爱达邮轮现场管理人。

富且才华横溢的设计师，他们能处理各种邮轮商业项目，能从概念设计、关键计划（例如火灾预警）、细节设计（产品设计和安装）以及基于客户需求设计隔音材料等多个层面为客户提供解决方案。

第二步是材料采购。我们会从全球的各个地区和国家进行采购。正是由于我们有非常广泛的供应链，才能在保证材料拥有高品质的同时，还拥有合理且稳定的价格。我们不仅在东方有材料供应资源，在西方也有丰富的材料供应商。这样可以帮助我们满足顾客个性化的需求。

第三步就是安装和监管。我们控制项目的质量并且管理项目进度，因此我们可以稳定地向客户交付业务。我们专业的监管服务体现在对施工进度的管理上，我们公司有经验丰富的施工人员控制着整体的施工质量。保持进度并不仅仅是保持我们自己工作的进度，还要协调建筑承包商的工作进度，这部分更为重要。与他人保持合作，不断塑造我们的时间表，是我们最重要的责任。

再来说一下我们公司去年（2020 年 4 月—2021 年 3 月）的销售数据。我们去年一共有287 个项目，其中包含各种类型的船舶，比如职能船只、特殊船只和客船。基本上日本重要的船舶领域都有我们的客户，我们与他们保持着良好的合作关系。现在我们在日本船舶市场所占的销售份额已经达到 70%，但还在努力去扩大市场份额。

另外，我还想谈谈我们的陆地业务情况。陆地业务包含对公寓楼、商业设施的内部装饰和基础施工建造。酒店项目有西式酒店和日式酒店。有种叫作"お湯です"的日式酒店，其实

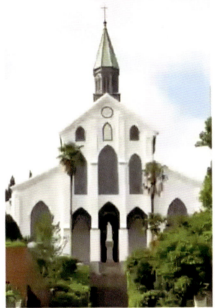

是公共浴室。这些都能呈现日本文化、日本传统建筑的设计和工艺技能。

我们的陆地业务还涉及各种各样的商业设施，有电影院、服装店、餐馆和医疗设施等。它们的类型不一样，那么目标用户也会不一样。我们在做商业设施的设计施工时，不仅会关注我们客户的需求，还会关注实际用户的性别、年龄特点。

除了新建筑，我们还会对历史文化建筑进行修复，比如长崎的大浦天主教堂，它是世界文化遗产之一。这个教堂非常古老和坚固，同时也意义非凡。

现在我们切换到关于客轮的话题。我想在座所有的

与会者都在从事邮轮或与其相关的产业研究。日本的客轮建造始于 20 世纪初。日本建造的第一艘客船，名字叫 Suwamaru。它是一艘 11758 吨的豪华邮轮，1914 年起开始服役于欧洲航线，载客人数为 372 人。

在 1930 年，日本政府为西雅图航线建造了 11622 吨的双层豪华邮轮"冰川丸"号。它曾为日本皇室成员和著名演员查理·卓别林服务过。现在如果你光临科哈马港还可以进入船舱内，参观它的内部装饰。

从 1990 年到 2017 年，我们参与了日本大部分的邮轮和客船项目。这些项目里不仅有日本国内的订单，还有来自欧洲买家的订单。我想在座的各位可能非常熟悉公主邮轮

No.	Owner	Name of Ship	GW	Delivery
1	Crystal Cruise	Crystal Harmony (Asuka Ⅱ)	50,142 GT	1990
2	Nippon Yusen	Asuka (Amadea)	28,856 GT	1991
3	P&O	European Causeway	20,800 GT	2000
4	Princess Cruise	Diamond Princess	115,875 GT	2004
5	Princess Cruise	Sapphire Princess	115,875 GT	2004
6	Taiheiyo Ferry	KISO	15,795 GT	2005
7	Taiheiyo Ferry	ISHIKARI	15,762 GT	2010
8	Meimon Taiyo Ferry	OSAKA Ⅱ/KITAKYUSYU Ⅱ	14,920 GT	2015
9	Hankyu Ferry	HIBIKI	15,897 GT	2015
10	Ocean Trans	BIZEN/SHIMANTO	13,000 GT	2016
11	Aida Cruise	Aida Prima	125,600 GT	2016
12	Aida Cruise	Aida Perla	125,600 GT	2017

公司和爱达邮轮公司，它们也是我们的客户。这也是 NSS 公司有机会参与到中国的大型邮轮项目中的原因。

在开始讲解中国的大型邮轮项目前，我想谈谈我们在日本本土的项目——就是在 1990 年交付的 Asuka Ⅱ（飞鸟二号）邮轮。它是当时日本最大的邮轮，有 50142 吨，可载 490 名乘客。

NSS 主要参与了 Asuka Ⅱ 邮轮的客舱装饰设计与施工。我们每年都会在船坞里对它的客舱进行翻修。两年前，它在新加坡进行重新装修，我们把员工派遣到新加坡，完成了日式和西式风格相结合的室内软装设计。根据客户的反馈，这种风格的客舱很受欢迎，因此也很难预订。现在 NSS 正与德国合作建造 Asuka Ⅲ。这也给 NSS 进军欧洲市场创造了机会。

　　另一艘非常典型的日本邮轮名叫 Pacific Venus(太平洋维纳斯号)。它隶属于日本邮船株式会社，有 26594 吨，可搭载 620 名乘客，1998 年入海运营。NSS 公司主要负责邮轮公共空间以及四个客舱区域的设计施工。

　　对于邮轮的内部装饰项目，我们通常会拆分成多个合约来开展。但是图中这个邮轮项目由 NSS 公司独立完成。我们做了这艘船的住宿区域所有的内部设计、材料采购和安装工作。

　　最后介绍一下 Aida Prima（爱达普莉玛号）邮轮。它由日本三菱重工长崎船厂于 2016 年间建成，是在日本建造的第一

艘爱达邮轮。邮轮的吨位达到 125600 吨，可以容纳大约 3300 名乘客。当时 NSS 公司负责其内部 20000 平方米空间的建造，包括客舱、客舱内公共区域和邮轮公共区域的建造。

当 Aida Prima 邮轮在三菱重工建造时，我是现场管理人。那时我对于船的内部装饰非常感兴趣，非常幸运的是，我能够加入 NSS 公司，然后参与爱达的项目。在此之后，我在海外事业部做了 3 年的贸易业务员。然后我花了 2 年时间作为现场经理参与邮轮内部现场管理工作。今年 4 月份我又回到了海外事业部，并且参与了中国的爱达邮轮项目。

我来介绍一下目前我们公司在中国爱达项目上的情况。我们和我们的长期合作伙伴 HBM 公司一起合作。我们作为一个团队，用彼此的长项为这艘豪华邮轮的建设做出贡献。这是一个非常有挑战性的项目，但也是具有极高价值的。NSS 和 HBM 会尽力使这个项目顺利完成。

我的家乡日本长崎是一个国际港口，两年以前，几乎每天都有大量的中国游客乘坐邮轮来到长崎游玩。我非常希望在未来，大家可以再一次乘坐像爱达这样的邮轮来到我们的长崎港。

以上就是关于 NSS 公司的介绍。希望通过此次演讲能让大家了解我们过去和现在进行的项目，NSS 公司随时准备着参与到大家的项目中。感谢大家的聆听！

大型邮轮演艺厅空间设计　　设计：潘长学　　时间：2023 年

大型邮轮中华街餐饮空间设计　　设计：潘长学　　时间：2023 年

助力创意设计的现代色彩体系

杨旸

杨旸，德国劳尔色彩亚洲区经理。

大家好！我是劳尔色彩的杨旸，非常感谢组委会的邀请，很高兴在这次论坛上和大家聊聊色彩，一起探讨一个现代科学的颜色体系如何帮助我们的色彩设计工作更加轻松又充满创意。

首先简单介绍一下劳尔（RAL）公司。劳尔公司成立于1925年，是一家致力于各行业最高品质标准的非营利性机构。除了劳尔色彩之外，劳尔还有质量标识、蓝天使环保认证等主营业务。位于德国波恩的总部劳尔大厦由于其多彩吸睛的颜色，已经成为波恩地区的地标性建筑。波恩曾是德国首都，也是贝多芬的故乡，在这里除了感受到德国人的严谨，我们也感受到浪漫的艺术氛围。希望大家在今天可以感受到劳尔颜色体系既理性又感性的层面。

劳尔色彩于1927年发行第一版颜色标准，至今已有90多年的历史。劳尔色彩的客户都了解，我们对颜色的精准度有着极高的要求。

除了高品质的颜色工具之外，劳尔色彩还提供色彩咨询服务，同时每年第四季度推出颜色趋势，为设计师、建筑师和工业企业提供颜色参考和指南。发展到今天，劳尔色彩一共有2530个颜色。我们的目标是让大家有信心作出正确的颜色选择。依据客户的要求，2016年我们成立了劳尔学院，为设计

师提供相关的专业培训。

劳尔颜色主要应用到哪些领域呢？最知名的劳尔颜色组合应该是黑色、红色和黄色的组合，大家可以猜到是什么吗？是的，德国国旗。很多人对劳尔后面带 4 位数字的颜色比较熟悉，因为它们来自有着 90 多年历史的劳尔经典系列。但是这个系列的颜色只是一个颜色集合，并不是一个颜色体系。后面我们可以看到它们的差异。

下面给大家介绍一下劳尔色彩在建筑领域的经典案例。一个是位于伦敦 Covent 花园中央圣吉尔斯大街的谷歌大厦，它是一个迷人的、能激发人们灵感的理想工作场所，其出色的室内设计、创新的表面技术让人眼前一亮，其主要使用钢筋、混凝土和玻璃建造。另一个是位于迪拜的法拉利世界，这一兼具娱乐性与灵感的建筑，是全球最具吸引力的、以速度著称的娱乐地点，它选用高贵的劳尔铝色与大胆的暖色法拉利红相匹配。

除此之外，在交通领域，海、陆、空也是劳尔颜色运用得最为广泛的领域。中国的高铁、很多城市的地铁都是运用的劳尔颜色。

劳尔颜色在产品中也有广泛运用，比如小家电、家居产品、电子产品、大型设备等。用一句话总结，就是对颜色精准度要求高的项目和产品，基本上都以劳尔颜色作为标准。

颜色是一种语言。我们为什么要谈论颜色？我们都知道，颜色已经成为购买决策中最重要的影响因素之一。在个

性化的大趋势下产品需要高度多元化。未来，任何设计都会需要特定的颜色设置来强调客户的价值和要求。

我们的一生，无论身处自然界还是城市中心，都会成千上万次地体验色彩、物体和空间。类似于学习一门语言，我们将颜色要表述的内容代码化。

研究机构针对颜色做了大量研究，美国一所大学的调研表明，84.7% 的人认为颜色选择是最重要的因素；52% 的消费者在不喜欢一个商店的形象时，不会再次前往；而 80% 的人认为颜色是品牌识别时最重要的因素。

在品牌识别方面，我们不需要字母的出现，仅通过颜色和形状就能知道是哪个企业的 Logo，比如可口可乐、宜家等，这说明了颜色可识别性的重要性。

我们知道颜色很重要，但是在设计中关于颜色的沟通经常不精准。比如：客户要求使用航海红这一颜色，但是如何准确地诠释航海红呢？再比如：客户说这个颜色再红一点、再亮一点，或者饱和度更低一点，这个"一点"是多少呢？

除了颜色的沟通不精准，还有大量的因素会影响我们对颜色的感知，比如：眼睛的构成（有些人存在视锥细胞缺陷，会产生色弱或色盲）、光线条件、物体的表面和形状、处理颜色的经验等。

颜色与颜色感觉永远不是客观或中立的，而总是受不同周围环境的影响。这也是为什么劳尔色彩在 90 多年前开启了颜色标准化的工作。

在 2016 年劳尔经典系列中最畅销的颜色，它们有什

2016年度劳尔经典系列最畅销的颜色

2018年度劳尔经典系列最畅销的颜色

么特点呢？全是黑白灰。两年之后，我们很高兴看到了红和蓝的出现，但依然以黑白灰为主。

这就是我们经常听到的设计师被"抗拒颜色"所扰，我们不喜欢颜色吗？不是的，而是因为不敢出错，所以就用最安全的、不容易出错的颜色。

那么，有没有一个颜色体系可以帮助我们轻松地使用颜色，大胆地进行颜色搭配呢？劳尔色彩在 1993 年开发了劳尔设计体系 RDS+，希望让创意的色彩设计成为可能。

成为一个颜色体系的条件是：它基于一个系统的方法，颜色规律且完整地覆盖了这个颜色空间，有着简单的颜色编号，最重要的是支持创意性的设计流程。

我们用 7 个数字来定义颜色在颜色空间中的位置，让用户容易理解，可以在设计体系的空间中发挥无限的创意。

劳尔设计体系是基于国际照明委员会于 1976 年发布

的 CIELab 模型，这是一个带有垂直坐标的三维颜色空间，L 轴代表了明度轴，也就是纵向穿过这个空间的黑白轴；a 轴是红绿轴；b 轴是黄蓝轴。这个颜色空间实际上不是这么规则的一个球体，为了大家更好地理解，我们做成了一个球体。

我们之前了解的颜色体系可能有蒙塞尔、NCS，而劳尔设计体系 RDS+ 是最年轻的，也是最现代、最科学的。对工业企业而言，颜色的精准实现非常重要。我们知道，色差仪几乎全部以 CIELab 为基准来测量。以视觉来定义的颜色体系，在视觉上是和谐的，但是用色差仪测量，饱和度经常会存在差异，而 RDS+ 很好地解决了这一问题。

我们在这个颜色空间中分别按垂直和水平方向每 10 度等距离地截取颜色，1825 个颜色由此诞生。2018 年我们增添了 200 个高明度的颜色，同时也帮助一些客户在这个

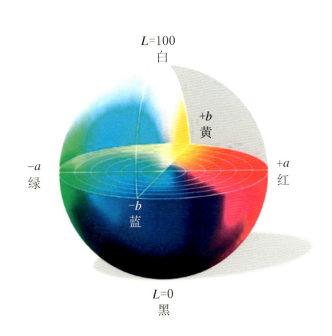

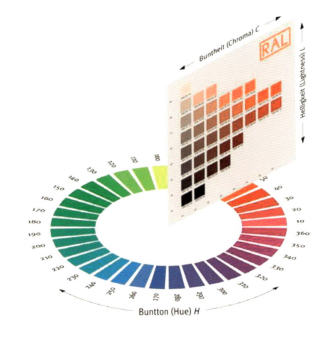

颜色空间定义了企业色。

在劳尔设计体系颜色空间中的 7 个颜色数值分别代表什么呢？我们以一个颜色为例，如 RAL2408020，我们按 3-2-2 来看，前面三位数字代表这个颜色的色相，也就是这个颜色是红还是黄，或者绿。我们把刚刚看到的球体从中间截取一个横截面，竖立起来，就是我们现在看到的这个色相环。360 度，我们每 10 度截取一个色相，010 为红，逆时针方向旋转，最上方 090 为黄，最左方 180 为绿，来到最下方 270 为蓝。这样一共有 36 个色相。因为我们的眼睛可以在黄橙区域看到更多的颜色，所以我们在这个区域额外地截取了 075、085、095 三个色相，因此，劳尔设计体系一共有 39 个色相。再来看 2408020 这个颜色，它非常靠近 270 蓝色，因此这是一个来自蓝色域的颜色。

再来看颜色的第二个组成部分，中间的两位数，它代表了颜色的明度，也是它在这个颜色空间中的高度。

我们想象球体中心纵向有一个灰色的轴，最下方 0 为纯黑，每 10 度上升，最上方为理论上的 100 纯白，这是不可能实现的，因此在劳尔设计体系中最高的明度值为 93。这个颜色中间的两位数为 80，位置很高，代表它是一个高明度的蓝色调。

颜色的最后两位数字代表了它的彩度，也就是饱和度。它代表颜色距离中间灰轴，也就是明度轴的位置。越靠近灰轴数值越低，从灰轴 0 开始，每 10 度递增，距离灰轴越远，彩度越高。这个颜色最后两位数为 20，离灰轴只有两步，因此是一个饱和度偏低的颜色。

这样我们大致可以猜到 RAL2408020 的面容，它是一个高明度、低彩度的蓝色。

劳尔设计体系 RDS+ 的颜色分布，规律而完整地覆盖

了整个颜色空间，这将有助于我们轻松实现和谐的颜色搭配。

下面以 6 种比较常用的颜色搭配方法为例作一个讲解。

（1）无彩、有彩和谐。这个非常简单。一个无彩色，就是从灰轴上选一个颜色，色相和彩度均为零。再平行地选择一个与它具有同样明度的彩色，那么这两个颜色肯定是和谐的。这种组合经常用于外立面或室内设计。

（2）色调和谐。简单地理解，就是一个颜色周边的几个颜色和它组合起来是和谐的。明度提升或降低，彩度一样的处理，两个维度都可以改变，通常是等距离选取颜色。这样的颜色搭配比单色会更加生动。

（3）类似色和谐。明度和彩度不变，小范围地变化色相值，确定这一组色在一个色域，也就是说，不能从红色域跳到绿色域。这种方法在室内装饰、产品上均有运用。

（4）单色和谐，也叫明度渐变。我们保持色相和彩度不变，来改变明度值，就会形成一组明度渐变色。很多颜色工具可以直观地呈现出这种效果。采用明度渐变的效果可以让画面立刻生动起来，变得与众不同。在产品和室内装饰中经常用到。

（5）互补和谐。这与刚才介绍的类似色相同的地方是，明度和彩度不变；不同的地方是较大跨度来改变色相值。这与我们平时经常听到的对比色、撞色是一样的意思。以前经常听说红和绿配在一起很难看，其实不是这样的。如果明度和彩度一样，这时的红绿配在一起是很协调的。这种配色在建筑外立面的应用效果很不错，在产品和建筑中均大量使用互补色。那么邮轮外窗是否可以尝试采用类似的方法呢？

（6）颜色渐变。这个会稍微复杂一些，首先，我们要确定起始色和终止色；然后，确定需要渐变的颜色数量；最后，色相、明度和彩度三个数值等距离变化。这种方式在建筑上运用得比较广泛。

以上内容是纯理论的，我们用数字将颜色标准化，并不是通过一个固定的公式限制大家的创意，而是希望给设计领域提供一个类似于导航软件的工具，让大家便捷快速地到达目的颜色区域，然后根据各自项目的具体要求在小范围的颜色数据库内对颜色进行调整。现在设计师的需求越来越高，人们对色彩设计越来越重视。所以，我们不仅以技术的方式来编码颜色，还要赋予每个颜色一些基本的情感。我们为每个颜色制定了一个可描述性的颜色名称，以此来激发设计灵感。

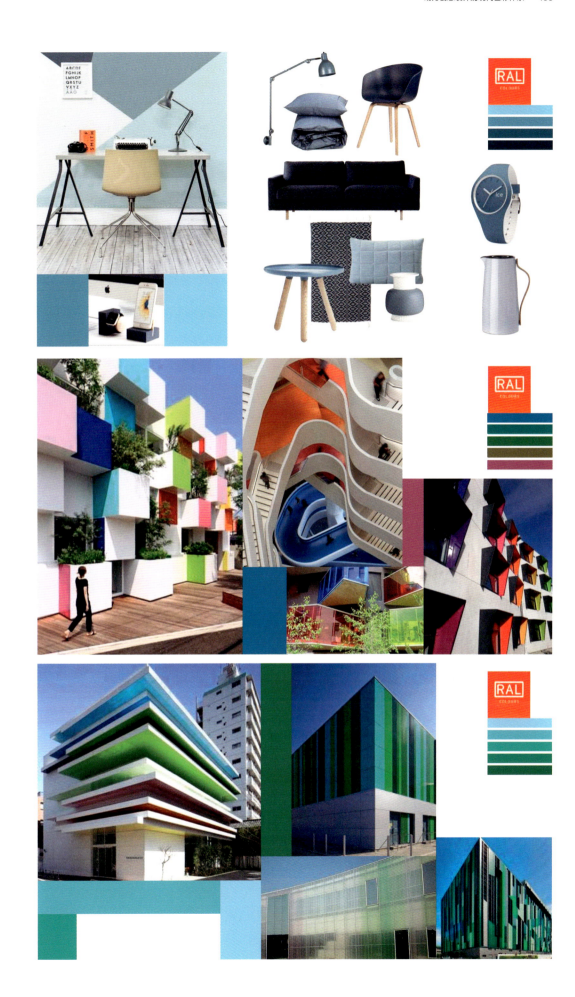

• RAL 050 波斯橙

- 美丽的
- 夏日般的
- 温暖的
- 柔软的
- 愉快的
- 流畅的

RAL 240 纯蓝色

- 中性的
- 寒冷的
- 清澈的
- 令人愉快的
- 运动的
- 结构化的

劳尔颜色DNA

RAL 320 40 40
董菜紫

一次又一次，神圣的色彩闯入了世俗的世界：珍贵的、时髦的、出其不意的。

沟通性	非常弱 → 非常强	可持续性	非常弱 → 非常强
前瞻的	○○○○●	生态的	○○○●○
充满生机的	○○○●○	新鲜的	○○○○●
人性的	○○●○○	有益的	○○○●○
善于叙述的	○●○○○	治愈的	○○●○○
平静的	●○○○○	长期的	○○○○●

情感		外部效应	
愉快的	○○○●○	欣赏的	○○○○●
敏感的	○○●○○	忌妒的	○○●○○
幸福的	○○○●○	值得信任的	○○○●○
忧郁的	○○●○○	令人惊讶的	○○●○○
激动的	○○○●○	有趣的	○○○●○

感官		内部效应	
凉爽的	○●○○○	伤感的	○○○○●
干燥的	○○○●○	不外露的	○○○○●
光滑的	○○●○○	自信的	○○○○●
芳香的	○○○●○	尊贵的	○○○○●
柔软的	○○○●○	性感的	○○○●○

魅力		品质感知	
魅惑的	○○○○●	珍贵的	○○○○●
令人着迷的	○○○●○	离散的	○○○●○
异国情调的	○○○○●	全体的	○○○○●
外向活泼的	○○●○○	平庸的	●○○○○
内向含蓄的	●○○○○	稀有的	○○○○●

功能		象征意义	
必然的	○○○●○	明智的	○○○○●
务实的	○○●○○	热情的	○○○○●
实用的	○○○●○	强大的	○○○●○
激活的	○○○●○	出众的	○○○○●
大量的	○○○○●	呆板的	●○○○○

我们看到、摸到、闻到、听到、尝到的一切都会影响我们的情绪。颜色不仅是视觉感知，它与我们的触觉、味觉、嗅觉、听觉相关联。有些颜色让我们觉得酸，有些会让人感到甜；有些柔软，而有些坚硬；有些轻盈，而有些沉重。颜色统一了人类所有的感官特征。

一样的形状，不一样的颜色，会给我们完全不一样的感觉。棕色可以让一个方形的物体看似砖块，比较沉重；淡蓝色可以让这个物体看上去很轻盈；粉色让它看上去像甜甜的、柔软的棉花糖；黄色则让它看起来像一块味道浓郁的奶酪。比如：波斯橙让我们感受到如夏日般充满活力，它是美丽的、柔软的、令人愉快的，而纯蓝色则让我们感到清澈，它更加技术性、偏中性。

RAL3204040 不再只是一个 7 位数字的技术代码，它被称为"堇菜紫"，直接与一系列情绪联系在一起。我们的设计人员开始寻找关于某个特定颜色的更综合的基本信息，这些信息独立于特定的情景。这就有了劳尔颜色 DNA 的制定。1825 种不同的颜色，与 10 个不同的关键词有关，比如可持续性、功能性或沟通性。我们通过这种方法确定了某一颜色的基本属性，这对现代色彩设计师是非常有用和重要

的。使用劳尔颜色 DNA 提供的信息，CMF 设计师可以获得关于颜色属性的支持性知识，这些知识可以用于各种不同的情景和领域。

总结一下，我们提供了一个具有系统方法的颜色体系，让色彩设计师能够快速地创造出简单而现代的和谐色或对比色。除此之外，现代颜色体系通过辅助性颜色名称将技术性代码与一些基本情感联系起来。但是，如果想创造一个真正的现代颜色体系，为设计师和顾客创造附加价值，就必须把更多的颜色知识带到生活中去。这正是劳尔设计体系所提供的服务，它代表了技术精确度和创造性之间的完美结合。

最后给大家分享 2019 年劳尔色彩在全球首创的一个趋势色矩阵。15 个颜色组成了我们的趋势色框架，我们并不定义固定的趋势颜色，而是给出一个颜色框架，让它创造出更多的设计可能。让最多样化的颜色组合适用于最多样化的情景和目标群体。刚刚发布的 RAL Colour Feeling 2022+ 是以"融合＋支持"为主题的趋势色，它反映了我们对更加多彩、更加健康、更加可持续世界的建议。趋势色全部来自劳尔设计体系。

按照明度排列，结果将是一幅平衡的画面，层次均匀

RELATE COLOUR MATRIX

RAL COLOUR FEELING 2022+

RELATE + SUPPORT

渐变。按彩度排列，同样是一幅均匀分级的平衡画面。柑橘橙、威廉姆斯梨黄、小豆蔻绿和堇菜蓝这 4 个颜色的名字都与自然界的植物、水果相关，饱和度在 15 个颜色中也相对较高。但将它们中的任何一个颜色挑出来，与其他 11 个颜色任意组合，都是和谐的。

　　我们提供的 15 个趋势色都是使用 RDS+，设计师依据各自的项目背景、目标客户可以简单快速地改变和扩展颜色选择。这也再次证实了一个现代科学的颜色体系优势之所在。同时，我们将社会学家雷克维茨的分类转换为设计类别，用不同的颜色、不同的比例来呈现。通过这种方式，我们可以获得尽可能不同且非常独特的颜色方案，并有着明确的应用参考。

　　这些不同的分区给我们讲述了一个相同的故事，即"融合＋支持"，仅 15 个颜色就可以帮助我们完成不同的情景方案制定。希望今天这个现代的颜色体系可以激发我们些许灵感，让我们一起用色彩使我们的生活和世界变得更加美好！谢谢大家。

大型邮轮的信息设计研究

席涛

席涛，上海交通大学媒体与传播学院教授、博士生导师，信息设计研究所所长。

　　大家好！我是来自上海交通大学的席涛。今天，很荣幸受到主办方和主席、主持人的邀请，跟大家分享我近期在邮轮设计方面的一些研究。我演讲的主题是"大型邮轮的信息设计研究"。大型邮轮作为海上移动城镇，具备城市建设体量的扩展性。城市的总体是由不同的社群组成的，社群是城市复杂度的体现，所以人与人之间关系的复杂性也就代表了信息传递和传播的复杂性。在邮轮上，由于游客的复杂性，邮轮的安全性和管理实施受到了很大制约和影响。

　　很荣幸我在博士阶段跟随潘长学教授学习邮轮设计，潘教授也提出在邮轮技术领域的设计美学，提倡技术美学和约束性的设计，特别是在功能美学设计方面，提出一些独到的见解和想法，使我受益匪浅。在此也非常感谢潘老师对我的教导，我将继续努力做这方面的研究。

　　我演讲的内容主要分为以下三个部分：一是对所研究问题的一些理解，也就是邮轮上的信息设计问题；二是怎么界定相关概念；三是信息设计的应用场景，主要介绍用户研究、功能设计、智能出行设计、信息可视化设计以及元宇宙的相关内容。

　　现在，5G 应用能够赋能大型邮轮设计。工业和信息化部等十部门联合印发了《5G 应用"扬帆"行动计划（2021—2023 年）》，提出了在信息消费、工业互联网、智能物流、智慧港口、智慧电力、智慧城市、智慧医疗和智慧教育等十多个领域强化推进 5G 应用。屏幕上跟邮轮有关的内容我已经用红色的框圈出来了，现代邮轮是可以从智能化领域得到很多启发的。这是一些核心研究领域，在邮轮设计中也可能引发大变革。

我研究的问题是邮轮信息设计，涉及现代邮轮设计中各门类的细节设计。我也听过几位专家的报告，特别认同"邮轮信息设计是一种细节的设计，如果细节设计得不好，则会对邮轮整体工艺有影响"的观点，因为邮轮整体工艺是更耗时耗工、难度更大的信息设计。所以，我研究的核心问题是如何做好邮轮的服务语言设计，以便更好地服务于人。

为什么要在大型邮轮上做设计？因为设计能够让游客获得奢华感、惊喜感、兴奋感。那么为什么要做信息设计？是为了让游客在邮轮上获得更多安全感和更多愉快感以调整他原来的一些情绪和情感，使其有轻松感、舒适感和满足感。邮轮是一种大型旅游工具和旅游产品，优质的产品服务能够让游客获得满足感和满意感，从而推动邮轮产业发展。

信息设计研究的内容是邮轮信息传播本体的元数据和元需求，包括人的需求和技术的需求。信息设计能够帮助我们更好地记录信息；更好地传递邮轮的设计理念，增强记忆力；方便查询信息，获得认知；方便发现信息，掌握邮轮的动态；支持感知判断；强化检测和人工智能领域的识别；提供实际和理论模式；为邮轮的开发提供数据参考；等等。

关于大型邮轮的界定，一般而言，总吨位为5万～7万吨的都叫大型邮轮，更大型的就是巨型邮轮，相对船型比较大的，我们叫加勒比邮轮。到目前为止，世界上最大的邮轮是22.8万吨，属于超大、巨型的邮轮，也是加勒比邮

轮公司的邮轮。国际邮轮协会对邮轮的等级进行了划分，可以分为豪华型邮轮、高级型邮轮、现代型邮轮、专业型邮轮和经济型邮轮，这是从商业角度、邮轮内装等来划分的，所以大型邮轮并不完全等同于豪华邮轮。

近10年，我们国家在信息设计研究方面越来越具有前瞻性和深度。清华美院的鲁晓波教授在2007年的论文《信息设计中的交互方法》中就提出了信息设计的概念，今年他在《包装工程》上发表了一篇题为《信息设计的实践与发展综述》的论文，说明我们的信息设计研究已经达到了一个比较成熟的阶段。信息设计是一个具有很强交叉性的学科，包括文理交叉、文工交叉、文艺交叉等。2008年，浙江大学

孙守迁教授借用工业设计、数字化艺术与设计、工程设计等学科领域的知识来解释设计信息学的概念。在世界范围内，信息工程和计算机科学领域是一个非常重要的研究领域。Robert Spence 著有《信息可视化：交互设计》一书，他是英国著名的信息可视化方面的专家，提出了信息可视化、科学可视化和信息化设计方面的研究理念。

随着现代邮轮数字化及智能化的发展，信息科学和信息设计在邮轮上将起到越来越重要的作用。这是现代邮轮上已经应用的一些设计，我们可以看到邮轮信息体验和信息交互方面的一些尝试：这是酒吧里的智能调酒师的交互设计；这是信息智能识别，我们依靠移动产品中的智能识别系统获取邮轮的信息；而信息服务系统及信息可视化应用于邮轮上的信息导航，可指导游客读取信息并学习使用邮轮上的相关设施。我们在数字娱乐可视化方面的设计也很成熟了，包括在邮轮娱乐和邮轮的空间体验上实现数字化转型。

在邮轮信息交互领域，更多的仍然是针对游客的信息服务系统。当然也有针对员工的信息服务系统，使员工能够更好地提供服务。比如：控制系统界面的设计；邮轮信息的总体布局和功能布局设计；邮轮上的标识系统设计，紧急疏散标识系统的色彩、图标、指示和图形要有指导性、指向性，也要有约束性；智能穿戴设备，它就像"一卡通"一样，可以在邮轮上实现便捷的消费。

邮轮的信息设计还包括功能信息的图表设计，有助于对邮轮所有信息的梳理、呈现、宣传、传播，同时便于船商和船级社等进行决策和管理。这是皇家加勒比邮轮的信息可视化系统，它的主要功能是告诉我们这艘邮轮的主要特点，以及在环境、餐饮、游客体验和娱乐等方面的特色。

在游客体验方面，2014 年就通过 RFID 技术实现了智能穿戴。2019 年，人脸识别技术、人工智能技术已经在邮轮上普遍使用。在娱乐系统方面，机器人、无人机、数码投射，以及利用增强现实技术实现的 270 度观景台功能，在邮轮上都运用得比较多，也给未来邮轮的娱乐性设计起到示范作用。大家都知道，邮轮是一个信号非常不好，相对局限、闭塞的空间，未来邮轮的数字化和智能化将越来越完善，以解决局域网、通信卫星系统等方面的问题。

近几年，包括前段时间刚结束的博士课题研究，我的研究主要集中在信息设计方向，包括对信息设计应用性的实践体验。我现在是上海交通大学媒体与传播学院的教授，我将从传播学和社会学的角度，在未来的邮轮研究中带来更多软设计上的思考，而不仅是从硬设计的角度，我更多考虑的是人的使用。

在研究过程当中，我觉得最重要的就是邮轮用户研究。从邮轮游客的总数分析中可以看出，大型邮轮最吸引游客的因素是邮轮体量，也就是它的吨位，邮轮越大，体积越大，也就有更多丰富多彩的节目和活动。经过研究发现，目前最佳邮轮旅游分销渠道仍然是依靠旅游中介，他们在这方面更靠谱、更安全，邮轮团体旅游更有市场。在邮轮上更吸引游客的还是美食，民以食为天，邮轮上的美食特性、美食文化会使邮轮更具吸引力。

在邮轮用户研究中，还有一个亮点就是中国游客对于邮轮旅行的态度。2020 年的统计数据显示，中国邮轮游客

的数量占整个亚洲客源的 41% 以上，最具消费能力的中国游客平均年龄在 45 岁左右。在过去的调研中，游客群体以老年人为主，尤其以退休人员居多。但到 2020 年，数据统计出中国游客的平均年龄是 45 岁，他们有强大的经济实力、旺盛的精力、很多的想法和旅行计划，这类客源会成为未来邮轮旅行的主力军。

就全球邮轮中使用的媒介——信息媒介而言，移动通信设备，尤其是智能手机越来越普及，绝大部分的信息都是通过移动通信设备获取和传播的。我们的行为，我们的社会交往，也越来越多地基于移动通信技术。信息设计对于邮轮而言太重要了。信息技术广泛应用于各行各业，与信息技术相关的信息设计以及其他的相关产业也随之兴起，比如游戏产业等。

这张图是邮轮功能设计中舾装功能布局设计的一些研究。邮轮的总体设计、规划、功能性的考虑和布局，以及可视化区域都能更好地引导船商、船级社以及游客的行为，同时这些行为又反过来指导我们进行设计。比如，通过研究游客的行为动线，基于可行、可用的行为动线进行有效的设计，而不是硬装设计和软装设计脱节。这个脱节问题之前也一直困扰我们。那么软装如何去适应硬装？要回答这个问题，就要先进行功能设计和用户研究。

在智能领域，交互设计是信息设计的特点之一。在界面开发，特别是邮轮局域网、局域性通信设备的智能开发上，要注意其特殊性。因为邮轮相对于其他场所来说，它的信息系统和管理系统是不公开的，邮轮上面的很多信息系统，到陆地上时就已经被封掉了。在邮轮上的一些体验，不仅需要开源化，还需要进行特殊的信息处理和信息后台设计。同时，对于邮轮的安全性和游客心理方面的保障，船商和船级社可直接通过一些仪器的测试来完成。比如在手机上安装传感器可以测试游客的脑电波、眼动等认知心理反应，来获取游客心理状态，以此减少游客的突发情况，规避不安全因素，提高邮轮的安全性。在智能识别领域，我们可以通过移动产品对邮轮移动界面信息进行可用性测试与评估。

在智能出行方面，选择适合的邮轮对游客来说是很重要的。当邮轮品牌和邮轮不适合游客时，会导致游客在旅行过程中不开心，也说明他所选择的邮轮不合适。比如带孩子乘坐邮轮的游客和不带孩子的游客，在选择邮轮时需求是不

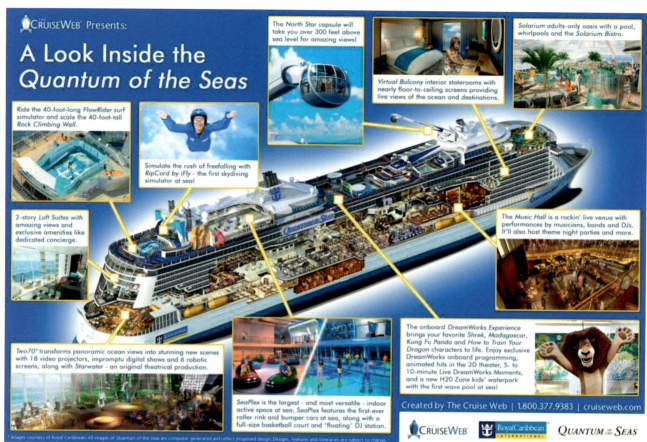

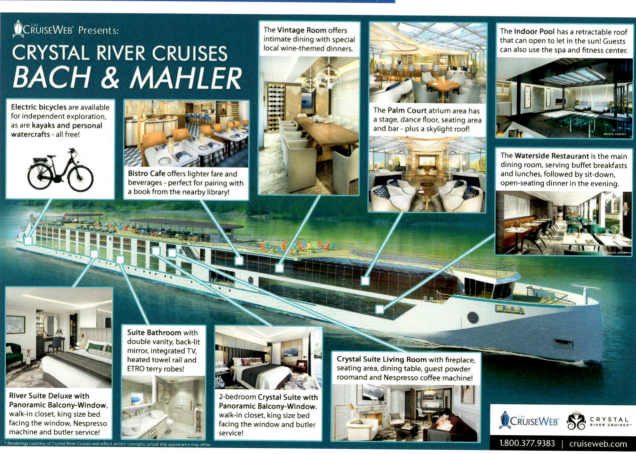

同的。我们可以通过大量的社会学方面的调研，根据游客的喜好和需求来更好地引导、服务游客，使其能够选择合适的邮轮品牌。不同邮轮品牌的特性与个性也不同，比如嘉年华和迪士尼邮轮，它们更多是为青少年和儿童服务的，需要为他们提供更多的体验。同时青年人和老年人的体验需求也不一样，所以如何选择邮轮需要我们去做社会学研究，这不仅是硬装方面的研究，也需要我们不断去思考和发展。

关于智慧服务设计，我也做了一些研究，这也是我在视觉传播研究领域的一些长期积累。我认为，邮轮公司的信息、船舶信息、食品和饮料信息、金融信息、海运和酒店信息等，都可以实现信息可视化，从而更加正确地引导用户，对用户起到一些指导作用。

对未来邮轮的设计也是我很感兴趣的方面，现阶段各行业一直在提"元宇宙"的概念，我认为未来邮轮不仅是数字邮轮，更是"元宇宙邮轮"。因为邮轮体验更多的是以游客为中心，游客在邮轮上需要一种愉悦的、沉浸式的体验，而"元宇宙"最大的特点就是能够提供更好的沉浸式体验。将虚拟现实技术等引入邮轮工业，

将对未来邮轮的开发产生重大影响，也会有越来越多的游客、越来越多的年轻人喜欢乘坐邮轮旅行。

这是未来邮轮所要直面的一些功能，但也是一个瓶颈问题。从用户角度来说，UGC 用户端输入的用户志愿和 PGC 技术层面的专业内容一直有所脱节，而未来元宇宙的技术功能能够使 PGC 和 UGC 技术并存与融合，这也是一种更多元的交叉。在这方面，信息设计起到了催化剂的作用，可以进行信息的统筹、交叉以及不同学科的融合。

图中是我们研究所正在开发的项目，主要是使用虚幻引擎创建的元宇宙体验模型。所以在未来邮轮上，游客们可以更多地从虚拟现实当中得到一种更好的沉浸式体验，提升幸福感。

对未来邮轮信息设计的发展，我有这样几点想法。第一，我认为邮轮设计不仅是美学设计，在现在和未来更是元数据的设计。邮轮是一个新的数据集群，所以未来元宇宙和智能领域的一些应用，在邮轮上会起到更加重要的作用。第二，未来邮轮的信息设计，会更多基于人的复杂性，基于集群、社群的关系，它将与社会媒体呈紧密相关性。第三，邮轮信息设计是以游客为中心的协同创新。我们要融合的不仅仅是技术，更多的是在

未来邮轮的信息设计，会更多基于人的复杂性，基于集群、社群的关系，它将与社会媒体呈紧密相关性。

游客体验过程中与游客交流、互动，从而促进邮轮设计和邮轮工业更好地发展。第四，在内容设计方面，以内容生态为理念的定制化、沉浸式的邮轮体验是未来的发展趋势。第五，邮轮信息设计要体现文化性。邮轮的传播不仅是传播邮轮功能，而且能够体现个性化和区域化的文化特色，让人们在体验邮轮旅行的同时感受异国风情，所以要以传统文化为基础进行邮轮信息交互设计。第六，要建立全球性的设计规范。国际通用性的技术标准和安全公约要求的智慧邮轮服务系统，将是未来邮轮主要的软实力，也是最需要我们去研究的方向。

跨时代智能船舶解析

朱塞佩·卡尔莫西诺

　　我是一名建筑师、展览设计师，也是一名设计方向的博士研究生，我的研究主要关注数字科技和智能材料在邮轮内部设计中的应用。我研究的目的是了解新型邮轮的智能演进，并促使邮轮公司进行可持续和负责任的创新。那么到底什么是智能邮轮呢？它们是上一代所谓的"娱乐邮轮"的演化，对娱乐工具的重要性进行了提升。新型邮轮被科学家们定义为技术驱动的、多体验的平台。

　　这种现象的背景是什么呢？智能演进是否代表着邮轮公司对可持续性、健康和安全等问题的具体回应呢？国际邮轮协会在其2019 年的年度报告中指出，智能化是未来几年该领域最重要的趋势之一。智能化特征主要包括物联网、增强现实、人工智能、机器人技术、高速连接、大数据分析等。

　　我的研究是跨学科的，除了室内设计外，其他学科也对我的研究有重要贡献，例如计算机科学。计算机科学提供了一个重要的概念，那就是虚拟性的含量。虚拟性的含量是一条线，其两个极端分别代表着真实环境和虚拟环境。而在这两者之间，还有增强现实的存在。这条线衡量了真实环境中虚拟性的水平，虚拟环境完全是由计算机生成的。

　　在经济学方面，体验的概念在今天非常重要，因为它提供了一个新的经济范畴，为公司提供的服务增加了更多的价值。体验是公司以一种触觉方式提供给客户的难忘事件，是对以往体验概念的补充。我们提供定制化的体验，可以根据每位客户的需求进行个性化定制。而且，体验的概念可以以物质的、实用的方式进行呈现。比如，在迪士尼梦幻号上，我们可以在用餐时与漂亮的明星交谈，或者与装扮成奇幻或历史人物的服务员共舞或聊天。

朱塞佩·卡尔莫西诺（意大利），建筑师、展览设计师和研究员，米兰理工大学博士。

"无地"是一个社会学概念,指的是那些由于关系、历史或身份特征而无法被定义的场所。举个例子,迪士尼乐园是一个与环境没有任何人类学关系的"村庄",从这个意义上说,商业区、车站和邮轮也可以包括在内。

文化可以被视为人类空间的隐藏维度。对于一个人来说,某个场所可能令他感到舒适,但对于另一个人来说可能不舒适,这取决于感官方面的因素,就像我们在空间规划方面所做的研究一样。比如,在一个特定地理位置,我们可能很容易找到拥挤的广场,而在另一个地理位置可能更容易找到空旷的广场或公共空间,这取决于与该地区相关联的文化因素。

这样的动态在今天如何发展?过去,社会动态起初是在最糟糕的孤立点,然后我们成为相互联系的点,而今天我们正朝着网络化的组织发展。事实上,我们不仅可以通过身体的接近来与他人沟通或建立关系,还可以通过互联网和新的信息技术提供的应用与身处远处的人交往。

就室内设计而言,我们正在关注更加流动和混合的室内设计趋势。这意味着室内空间的

功能比过去更加灵活。例如，我们不仅可以在办公室工作，还可以在家里、酒店、公园或者邮轮上工作。今天，你只需要一台连接互联网的电脑就能进行工作。在这方面，克里斯公司为客户提供了智能办公体验之外的娱乐体验，使得工作可以在旅途中进行。

在邮轮上，我们观察到内部设计潮流的演变，新的内部空间趋向于舞台化和多元化。过去的装饰和图形被转换为数字化形式。邮轮上的空间变得更加灵活和时尚。例如，在邮轮的中央大道上，我们可以看到很长的地面墙；在舱室中，我们可以看到 12 个阳台，而不是窗户；如果我们去邮轮上的酒吧，可以享受由机器臂提供的酒水；在用餐时我们可以与屏幕上的美丽角色交谈。

我的研究基于关键研究分析，这意味着我收集了关键研究数据，并使用特定参数进行了分析，这些参数包括数字创新、环境可持续性和健康风险管理。

邮轮公司在邮轮上开发了许多应用程序，通过高清屏幕、视频墙或虚拟现实投影，可以在不同空间为客户提供多样性的沉浸式体验。其中，增强现实可以更好地将物理世界和虚拟世界相互叠加，但最适合将物理世界和虚拟世界相结合的是虚拟现实。虚拟现实技术可以扩展或改变邮轮的物理边界，从而为客户提供新形式的体验。特别是在与娱乐相关的数字技术方面，我们可以看到，人们对此表现出极大的兴趣。

在环境可持续性方面，一些邮轮公司采取了行动，如

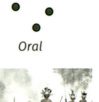

进行能源效率管理或选用环保材料和产品。

　　技术在这方面可以做出重要贡献，因为它们提供了许多好处，比如通过软件替代组件，简化硬件系统；通过应用程序优化服务流程，减少实物运输；通过智能技术提供促销、教育或娱乐体验，间接地影响可持续性方面，使乘客对可持续性主题更加敏感。

　　有些邮轮公司在环境可持续性方面做出了许多努力，但其所使用的技术往往属于娱乐领域，因为这是邮轮公司的主要经济来源。

　　在船上的健康管理方面，当前提出的许多解决方案主要是针对公共卫生的。其中一些技术主要关注测试、筛查或减少接触，通常位于入口、出口区域，并且采用非接触式互动。中高级技术则主要关注消毒通风，以改善环境中的空气质量，同样也采用非接触式互动。

　　许多技术都可以提供不同配置或应用，以提高安全性，其沉浸程度或技术实体也有不同层级。例如，它们可以提供

与身处不同地方的人进行远程会议的可能性，或者提供客户在船上的地理定位，或者为客户提供在电影院或餐厅预订座位的可能性，以避免拥挤的空间。

　　便携式可穿戴设备不能被归类在特定位置。它们不能被归类在入口、出口或者听众区域，它们可以由客户携带或移动，也可以被视为环境的一部分，因为它们能通过传感器和物联网应用与周围空间进行交流。

　　新冠疫情暴露了邮轮行业的许多薄弱环节，但对邮轮公司来说，这是一个非常重要的时刻，可以促使邮轮公司反思这些弱点，并在未来做出改变。特别是非接触式技术在船上的运营中越来越普及，它们有利于展示目的地的景点，为游客提供了额外的信息，可以丰富旅行体验。

　　技术的发展为邮轮公司带来了多重好处，但也存在一些关键问题，例如对乘客个人数据的管理。因此，邮轮业应该在负责任的态度下、在技术创新的驱动下引领发展。

　　邮轮业的下一个发展方向可能是数字化科学场景应用，

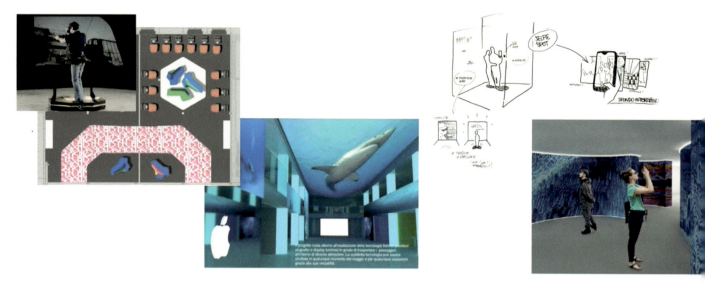

如虚拟现实、增强现实、数字模拟等，为乘客创造更丰富、互动性更强的乘坐体验。同时，通过对数字化科学场景的合理研究和运用，我们也可以预测邮轮业的未来走向。科幻作家亚瑟·克拉克曾说过："任何足够先进的技术都和魔法无异。"与大家共勉，谢谢。

中外游艇设计比较之思考

冷学华

冷学华，全国游艇发展专家指导委员会委员，国际标准化组织（ISO）船舶与海洋技术委员会（TC8）大型游艇分技术委员会（SC12）副主席。

大家好，我本次演讲的主题是中外游艇的设计思考。在和国内外设计师的深度交流和合作过程中，我发现了很多有趣的现象，今天在这里与大家分享。

我毕业于华中科技大学船舶制造与设计专业，曾经担任 ISO 大型游艇分技术委员会副主席。2019 年，我们海星游艇制造有限公司已经排到了全球超级游艇订单排行榜的第 12 位，是中国唯一进入全球超级游艇 30 强的企业。海星是一家大中型游艇制造商。这是我们正在建造的一艘游艇。

一直以来，我们跟中外顶级设计师，特别是超级游艇的设计师都有合作，所以有很多深刻的体会，或者说经验教训。我们正在建造的是一艘 36 米的超级游艇，已经交付的是一艘 43 米的双体超级游艇，它在全球双体超级游艇排名中位列第 6。这是我们已经交付的两艘 142 英尺（约 43.28 米）的超级游艇，一艘销往国外，一艘销至国内，都在一类航区航行。

我认为游艇设计主要分为三个部分：一个是工程设计，一个是外形设计，还有一个是内装设计。工程设计包括船体、电气、管路、舾装、隔音和振动等设计。其实在工程设计方面，中国的船舶设计在全球都是顶尖的，这一点我们是可以非常自豪的。但是在游艇的外形和内装设计方面，我觉得与国外相比还是有一定差距的，最主要的原因是国内设计师在空间运用、细节处理、工艺要求、色彩搭配等方面不够熟悉，没有足够的经验。现在我们在国内各种场合看到的各种各样的船舶，它们作为实现功能的设计是没有问题的，但是作为艺术品还缺少很多元素。让产品呈现出一种艺术感是我们的追求，我们在为客户建造游艇的过程中，对管路、电气等的设计和处理都会非常注重细节。细节的雕琢过程会让人感到很痛苦，因为其工序会复杂得多，或者说耗时更长、成本更高，能否按照高标准完成，考验的是一个企业管理者或者实际操作人的情怀和理想。

总体而言，在工程设计上，中国的设计本身是没有问题的。在和欧洲顶级设计师合作设计管路的过程中，我们发现两者的设计计算成果相差无几，但是在细节考虑上我们确实需要加强。工程设计中有一个不可能的三角，即速度、重量、振动（或噪声），也就是说，要在同等马力、同等重量

的情况下做到航速最高、振动噪声最小。如果找到这三者的最佳平衡，对于一艘游艇来说，在工程设计上就实现了最优。对于货船来说，噪声可能并不是特别大的问题；但是对于一艘游艇来说，如果振动噪声很大，那就是灾难，给人的体验完全不一样。如何使这三者达到最佳平衡，也体现出设计师、设计院以及游艇建造商的水平和实力。

外观设计主要是外形设计，包括空间、线条、船首、船尾等每个局部和整体的设计。我们知道，汽车设计包括车身设计、前脸设计、车门设计、尾部设计等几个部分，其实

游艇设计也大同小异，但是游艇设计的分类更加复杂，可发挥的空间也更多。传统的线条设计有很多人很喜欢，也有很多人不喜欢，现代设计有人喜欢，也有人不喜欢，这与审美有很大的关系。现在我们在很多新的设计上就是要尽量兼顾这两者。

游艇设计还包括内装设计，它涉及色彩搭配、空间布局、工艺要求、材料选择、软装这几个关键内容。如果色彩过于丰富，就会显得凌乱；色彩过于简单，就没有那种豪华感。所以，如何进行色彩搭配，如何进行空间布局，体现出低调的奢华或者说豪华，是需要我们深入研究的。

为此我也去过很多欧洲国家，参观考察了一些专门做内装设计以及专门生产内装的工厂，其中有很多经验值得我们学习。比如说他们会做模型设计，模型按 1∶1 的比例做出来，然后模块化生产，标准化组装。我相信，游艇内装也可以这样做，只不过游艇内装的要求更高，包括它的精度、木材缝隙、石材的纹路等。

在和中国顶级设计师合作的过程中我们发现，国内的设计师更关注硬装，对于工艺要求、材料的选择，还有色彩搭配，他们相对比较陌生。不同于酒店方正的空间，游艇的空间很小，甚至有三维曲面，任何一点小瑕疵都会被放大，因此，需要设计师有足够的经验。为了提升中国游艇设计水平，海星已经举办了 10 届大学生游艇设计大赛，以后还会接着办下去。

总体而言，现在欧洲的游艇设计，工艺要求非常高，特别注重细节，但是色彩的搭配相对来说就比较简单、素雅。而大部分中国人还是喜欢色彩比较丰富的风格，所以中式的游艇设计偏向奢华。

诗语江南号外观设计　　　设计：陆江艳　武海彦　　　时间：2023 年

宇宙构想号外观设计　　设计：陆江艳　寇婷玥　　时间：2023 年

基于"中国风"文化的邮轮涂装设计研究

张亚敏

当代大型邮轮被称作"水上流动的城市"，它集观光、旅游、休闲、娱乐等功能于一体，是典型的高艺术、高科技、高附加值的综合载体。邮轮涂装作为邮轮整体设计的外在艺术形式，旨在传达典型、明确的文化象征符号。纵观当今世界邮轮涂装设计的总体面貌，其呈现出地域文化的典型性、传统文化的符号性、文化遗产的精神性等特征，形成了相对完整的设计审美思维和设计方法。随着我国经济与科技高速发展以及文化软实力的提升，中国文化进入国际时尚界、设计界、文化界已成必然趋势。与当代艺术审美相结合，以及独具特色的"中国风"设计符号和艺术语言，为正在秉力前行的中国邮轮设计提供底蕴丰厚的艺术源泉。

张亚敏，副教授，武汉理工大学设计学博士。

1 "中国风"的艺术风格及其内在价值

"中国风"，即 Chinoiserie，指具有中国特征或主题的艺术风格以及具有这种风格的各式物品，国内学者亦称为"中国风格""中国情趣"等。"中国风"作为传统文化与当代文化有机融合的艺术形式，通常以典型传统文化、典型题材、典型艺术形式作为创作基础，在中国文化元素的基础上，内外兼修，既隐含内在的艺术特质，又彰显外在的形态语意，凝结着中华民族传统文化精神和特有的美学理念。

1.1 传统文化的回归：彰显中国文化的人文之美

经过数千年岁月的沉淀和洗礼，中国文化形成了天人合一、和谐圆满、崇尚自然的哲学思想。中国文化的回归与重构是当代社会的历史必然，也是重新审视、挖掘、传承和创新中国传统文化的必经过程。"中国风"具有深厚的历史底蕴、独特的文化元素和多样化的文化表现形式，其独有的文化价值观和思维模式受到世界关注。首先，"中国风"体现了中国传统审美观念与艺术表现方式，反映了中国人的审美情趣和人文情怀。例如，中国传统绘画、书法、雕塑等艺术形式都以"意境""气韵""神韵"为核心，是内在情感与外在景物交融合一的艺术境界，往往可意会而不可言传，可体悟而不可分析，体现出浓郁的道德情怀和人文雅趣。

其次，"中国风"蕴含的中国文化精神对现代社会生活具有重要的启示和应用价值。随着社会发展和人们审美需求的变化，传统的中国文化也在不断演变与更新。"和而不同""仁爱中和""知行合一"等思想给现代社会提供了文化认同和价值体系的选择。

1.2 古典寓意的诠释：凸显中国文化的艺术之美

中国古典文化强调自然之美和人情之美，表现出对人性、自然、历史和神秘的美学感悟。其意境之美在于对天地万物的精细观察和体验，在此基础上提炼出和谐共生的认识论。在"中国风"的艺术寓意诠释中，人们通常用写意的画风来表达自然之美，寄意于物，具有飘逸灵动的文化意味。中国传统绘画继承了中国传统文化的深厚底蕴，以简单灵动的形式展现了东方哲学的精髓。从表现形式看，中国绘画强调笔墨、色彩、构图、主题等多元要素的综合运用，通过恰到好处的符号组织，使画面并而不繁、以简驭富，以内敛来释放中国文化的意境之美。"中国风"追求的正是这种表里双美的创作手法，让作品在表达肌理寓意、描绘艺术主题等方面流淌出中国文化的意境之美。

1.3 人文情感的契合：体现中国文化的精神之美

在中国传统文化中，人文情感与精神契合两者之间相互联系，通过相互关联来表达人们的人文关怀和精神境界。中国文化注重人的情感表达和交流，强调"仁爱"的价值观念，即"仁者爱人"。精神契合在中国传统文化中包含了多重含义，强调"和合"相通，就是将不同的事物融合在一起，使它们相互协调、和谐共存，进而造就了中国文化的"中庸之道""以和为贵"等人文观，体现为一种恰到好处的"玄之又玄、众妙之门"的幽深莫测之美。人文情感与精神契合融了中国文化中的"人文关怀""和合共生"的价值观。"中国风"艺术风格正是体现了人文情感与精神契合的传统文化内涵，是一种以情达意、联结传统与现代、人文关怀与现实需求的艺术表现形式。因此，"中国风"艺术作品更加富有表现力和感染力，也更加符合现代社会的审美需求。

2 "中国风"视域下邮轮涂装设计的美学价值

"中国风"作为一种独具特色的艺术风格，已成为当代时尚、潮流的代名词，其所蕴含的美学价值对当前的艺术表达与传播均产生了积极而深刻的影响。在邮轮涂装设计这一具有强烈视觉冲击力的艺术设计领域，"中国风"受到越来越多的关注。基于"中国风"的邮轮涂装设计不仅融合了中国传统文化的优秀元素，而且形成了独具特色的艺术风格，具有不可替代的美学价值。

2.1 文化情感的传递与延续

"中国风"邮轮涂装设计应积极融合中国传统文化的构成元素，例如牡丹、瑞兽、如意等，都是中国传统文化的代表性符号，蕴含着中国文化的精髓，是中国文

图 1　诺唯真"喜悦号"邮轮涂装

化在世界范围内的独特标识，传递着中国人勇敢、坚韧、豁达、开放的民族性格。邮轮涂装设计通过中国传统元素讲述中国文化故事和文化传说，传递中国文化精神。例如，龙是中国传统文化中的神兽，代表着权力和尊贵；凤则代表着吉祥和美好，传递着海内外中华民族的中国情。龙凤文化在我国约有八千年的历史，起源于图腾崇拜，是中国文化的重要组成部分。诺唯真"喜悦号"就在其邮轮涂装设计中完美运用了"中国风"代表性元素（图 1）。诺唯真"喜悦号"是诺唯真邮轮公司专为中国市场打造的首艘创新型豪华邮轮。该邮轮采用了中国风涂装设计，涂装设计灵感来自中国古老的神话生灵——凤凰。凤凰是美丽的象征，也有吉祥如意的寓意。外观设计采用中国古代皇室常用的两大色调——红色和金色，红色代表喜悦的气氛，与邮轮的名字完美呼应；金色代表尊贵，与邮轮恢弘的外观相得益彰。邮轮涂装设计中中国风格和当代艺术结合，彰显着中国人的独特审美情趣和文化认同，让游客在舒适的邮轮体验中了解中国文化、认同中国文化，同时加深世界对中国文化的理解和认识，推动中国文化的传播。这种文化情感的传递和延续，使得邮轮涂装设计更具有文化价值和社会意义。

2.2　国家品牌形象的塑造与强化

在经济全球化和文化多元化背景下，当今越来越多的国际品牌开始运用中国元素来塑造自己的品牌形象，例如LV、Gucci 等奢侈品牌纷纷推出以中国元素为主题的产品线，这无疑有助于促进"中国风"及其创意产品的传播和发展，增强设计产品的市场竞争力。在国际竞争中，文化软实力越来越重要，而"中国风"设计正是强化文化软实力的重

基于"中国风"的邮轮涂装设计，人与自然的和谐与共生是非常重要的美学设计理念。

要手段之一。国家形象是国家的经历、信仰、观点、回忆、印象的情感性、审美性的总和，是民族精神和意志的集中体现。邮轮涂装设计代表着国家邮轮的品牌形象，通过"中国风"的艺术风格化设计，不仅可以强化邮轮品牌形象，同时也能够传递中国文化和美学理念，提升中国邮轮品牌的国际形象。"中国风"视域下邮轮涂装设计不仅有利于提高邮轮品牌的知名度和市场竞争力，带来更多的商业价值和经济利益，而且这种影响并不仅仅局限于邮轮本身，更关乎国家品牌形象的塑造，可以促进中国文化价值在全世界传播。

2.3 人与自然的和谐与共生

基于"中国风"的邮轮涂装设计，人与自然的和谐与共生是非常重要的美学设计理念。

中国传统文化注重人与自然的和谐共处，将人与自然看作一个整体，强调人类与自然的互动和依存关系。这种理念也融入了邮轮涂装设计实践之中。"世界梦号"邮轮涂装《双梦记》（图2），对中国神话人物与元素（如嫦娥、玉兔、福娃、飞鸟、金鱼、山川）的提取与重组，使得其充满浓厚的"中国风"韵味，这种基于人与自然和谐共生理念的"中国风"邮轮涂装设计，反映了现代人环保意识的增强，以及对环境保护和可持续发展的理想追求。涂装设计运用了大量的与自然相关的图案和文化元素，如以山水、动植物等

艺术元素来表现人与自然的相互影响和依存关系；以自然流畅的线条和曲面来模仿自然界的结构形态，强调人与自然融合和共生。画面营造出浓郁的海洋文化特色，以及人与大自然和谐共生的人文精神，为游客带来了深刻的文化体验和美学艺术享受。可以说，基于自然和谐共生的邮轮涂装设计，既体现了中国传统文化的价值观，也符合现代人环境保护和可持续发展理念。

3 "中国风"视域下邮轮涂装设计转换

邮轮涂装设计中，思维转换是至关重要的一步。设计思维转换不仅是技术问题，更是文化和思维模式问题。在"中国风"视域下，设计师需要将自己的视角转换到中国文化的视域中，了解中国传统文化的内涵和外延，理解中国人的审美观念和文化情感，审视和挖掘其中蕴含的美学价值，创造出具有艺术价值和文化内涵的邮轮涂装设计作品。

3.1 艺术视角的转换：从外部视角转向内部视角

艺术视角的转换，即从外在于人的视角转向游客的心理视角。基于"中国风"的邮轮涂装设计，要使游客感受到中国传统文化的美学价值和艺术魅力。首先，邮轮游客来自世界各地，他们对于美的定义和审美偏好会因文化背景的不同而有所差异。因此，设计师需要考虑如何融合不同文化的美学设计元素，同时让这些元素能够呼应游客的审美需求。

图2 "世界梦号"邮轮涂装

图3　"中国风"邮轮涂装设计作品《蜕变》

其次，邮轮涂装需要具有强烈的视觉冲击力，以吸引游客的审美注意力。设计师可以在设计中运用色彩对比和色彩组合以及设计形式的变化，增加邮轮涂装的吸引力。最后，邮轮涂装设计需要体现邮轮的文化主题和文化特色，以增强游客的参与感和认同感。在设计实践中，设计师可以基于邮轮的品牌定位需要，选择相应的中国风主题，以达到游客与邮轮的情感共鸣。

3.2　文化元素的重构：传统文化的现代性转换

"中国风"邮轮外观涂装的文化元素主要通过颜色、图案、造型、材质等来予以表现。在颜色方面，"中国风"以红、黄、蓝等鲜艳的颜色为主，寓意吉祥、喜庆。在图案方面，常见

的"中国风"图案有云纹、龙纹、中国结等。在造型方面，"中国风"强调型材线条的流畅与飘逸，寓意着生生不息、坚忍不拔和经久不衰。将这些文化元素运用于邮轮外观涂装设计时，需要具体结合邮轮的外形、体积、主题等因素进行优化和调整，以达到最佳的适配度与视觉效果。例如，中国风"山海经"主题邮轮涂装设计作品《蜕变》（图3），其设计思想源于《山海经》，表现天地万物从零到有，从微生物到鱼，最终化身为吉祥美丽的鹏这样一个生生不息、勇敢新生的过程。水是万物之源，鸟和鱼是中国神话中的图腾。这些元素在提取和现代转换的过程中，融入了当代艺术中扁平化造型特征，运用中国剪纸的剪影双线法则，强化鱼、鹏在时空中

图 4　"中国风"邮轮涂装设计作品《祥和》

翻腾向上的动势，并与大气、流畅的植物、水波纹交织重叠，形成了
万物和谐、跌宕起伏的强烈视觉效果。整个画面气势磅礴，营造了极
大的想象空间，中国文化的写意美学得以淋漓尽致地再现。中国风"山
海经"主题邮轮涂装设计作品《祥和》（图 4），其设计元素取材于《山
海经》中的奇珍异兽，包括象征仁智祥瑞的九尾狐，雷雨、河川之神应龙，
生命之神句芒，御凶煞邪之神一眼三尾猫，能上下于天地的氏人族。
所有的造型均源自《山海经》中的文字描述。设计中保留了中国传统
造物原则，重点对原型色彩实现现代写意转换及撞色的分割透叠转换，
营造出当代浪漫主义的人文风格。画面中撞色系的七彩祥云穿梭于天
地之间，有意无意形成了自然而有机的灰色叠色分割，既增加了画面
的韵味和时尚性，又很好地保留了中国文化的特征和标识。

图 5 "中国风"邮轮涂装设计作品《花好月圆》

3.3 艺术样式的转换：融入当代艺术设计理念

当代艺术常见的艺术样式主要体现为以解构拼贴、细节特写、单色装饰等为特征的组织方式。在设计实践中，这些表现方式有时单独存在，有时也可以并存，从而形成新的艺术主题和艺术作品。例如，"中国风"主题邮轮涂装设计作品《花好月圆》（图5），源自中国传统故事"嫦娥奔月"。该设计选取牡丹花、仙鹤、月、云纹和水纹等中国传统文化元素，打破原有的时空和场景的限制，将各元素依邮轮外部的流线空间而进行重新解构和布局。将牡丹花花瓣意象解构，在现代色彩蓝色、紫色、粉色的基础上与水波纹饰组合拼贴，形成强烈的艺术装饰性风格。月亮造型在整体布局中被有意放大，彰显"圆圆满满"的视觉效果，完美体现了"花好月圆"的主题寓意，渲染出传统又不失时尚的视觉意境。"中国风"邮轮涂装设计作品《龙凤吉祥》（图6），主题选自中国传统文化中的龙凤呈祥。龙凤自古是吉祥而高贵的象征，龙守卫着水域，凤守护着天空，龙凤交织，有吉祥美满之意，也有保卫出行之意。该作品借鉴中国青花的色彩及装饰纹样艺术风格，以单色系装饰作为艺术表现形式，结合龙凤自身栩栩如生的形态，旨在追求简约、淡雅而又富有气势、灵动的艺术风格。

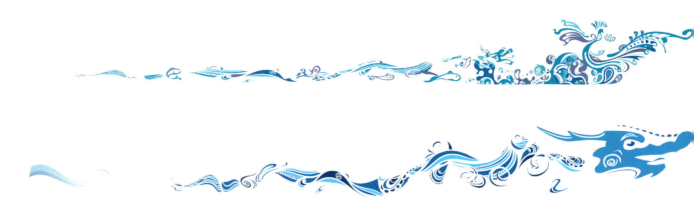

图6　"中国风"邮轮涂装设计作品《龙凤吉祥》

4　结语

　　中国传统文化符号和设计元素，既是中国文化的重要组成部分，也是对世界文化的重要贡献。中国作为世界上历史悠久的文明古国，拥有独具特色的文化传统和艺术风格。"中国风"在设计领域中的应用，可以为世界文化多样性做出贡献，丰富人们的精神生活和文化体验。同时，"中国风"作为一种基于中国传统文化和艺术风格的现代性转化设计，在国内和国际市场上有着非常广阔的应用前景和现实需求。随着我国经济的发展和科技的快速崛起，中国文化越来越受到世界的关注，中国创意产业也因受益于"中国风"的推广和应用而实现了发展。在此背景下，"中国风"作为中国文化价值观和精神的体现，将其中蕴含的"和合""仁爱""诚信"等价值理想，结合现代艺术的创造性转化应用于邮轮涂装设计，有利于更好地讲述中国故事，传递中国文化，有利于促进中外文化交流和理解，增进世界多元文化的和合共生。

大型豪华邮轮居住舱室模块化修造体系研究

徐俊辉

徐俊辉，武汉理工大学副教授，博士，研究方向为邮轮舱室总体布置与空间设计。

近年来，随着中国经济发展，大型豪华邮轮市场快速增长，设计、研发、建造等工作相继展开，中国正在积极寻求与国际市场的并轨与合作。居住舱室是大型豪华邮轮内装的重要组成部分，其规模约占上层建筑总面积的 50%，总体数量超过 2000 个。目前"整体设计—工厂组装—现场安装"是国际上通用的居住舱室模块化修造方法，尽管中国仅有少量以船舶内装建材为主的设计施工一体化公司掌握此方法，但由于服务的对象、标准不同，其舒适标准、施工工艺、材料性能方面与国外相比均存在较大差距，而最大的差距集中在舱室整体模块化设计、修造的契机与工作效率上。

因此，本文借助同国外知名公司的交流学习和调研摸索，尝试针对大型豪华邮轮居住舱室模块化修造体系中的标准要求、模块组成、工艺流程等方面进行探讨，构建出舱室单元设计过程与建造过程相结合的整体系统与运行流程，希望为中国舱室自主研发提供基础性研究。

1 大型豪华邮轮居住舱室发展历程

居住舱室的预制模块化修造是豪华邮轮模块化设计和建造思想的重要体现。20 世纪 30 年代美国率先提出模块化造船设想，此后以德国为代表的波罗的海沿岸国家在模块化造船领域取得突出成就。现如今，国际知名船舶制造公司无一不凭借先进的制造技术与方法垄断了全球豪华舱室设计施工一体化领域。各个公司在自组织生产线的基础上，采用流程化工艺以日均 40~50 个标准舱室的效率，在两个月内便可完成 2500 个整船标准舱室组装工作。高效的建造效率是豪华邮轮舱室模块化修造的主要体现，高效率的背后代表了材料供应、性能工艺、设计能力、美学感知、施工组织的高标准、高质量、高运行的集成，船舶是名副其实的高技术产品。

中国豪华邮轮居住舱室模块化设计建造仍然处于摸索阶段，

在效率和标准方面与老牌北欧船舶机构仍然存在差距。这些差距主要体现在工种之间的协调性、工期和施工效率、全面工业化和标准化、材料与技术设备的精准度等方面，因此中国在全球主流豪华邮轮舱室修造方面的市场占有率几乎为零。尽管如此，中国蕴藏的巨大市场潜力和迅速崛起的设计施工能力，推动着自身豪华邮轮居住舱室模块化修造的快速国产化和体系化。

2　大型豪华邮轮居住舱室设计标准

2.1　轻量化要求

豪华邮轮居住舱室的轻量化主要是通过采用轻质量、高强度的新型板材来实现的。在满足结构安全校核的情况下，舱室越轻越好，可实现 5% 的轻量化已是极大进步。市场上以各种衔接口的岩棉板为主要板材，厚度为 25~50 mm，满足不同舱室对壁板的不同需求。通过比较传统岩棉板与铝蜂窝板的各项指标（表 1）可发现，采用铝蜂窝板既能保证整体刚度，又能有效减轻质量，但造价较高。

表 1　岩棉板与铝蜂窝板比较

板材种类	厚度 /mm	质量 /（kg/ m²）	密度 /（kg/m³）	弯曲刚度 /N·m²
岩棉板	25	13.0	120	1.15x10e
铝蜂窝板	20	6.5	70	1.15x10e

2.2　舒适性要求

豪华邮轮居住舱室的舒适性主要体现在物理环境上，即湿度与温度环境、振动与声响环境、色彩与照明环境三个方面。

首先，在湿度与温度环境方面，主要以生理学意义上最适宜的温度和湿度为标准，而非游客主观感受的体感变化。生理学家研究认为，室内温度过高时会影响人的体温调节功能，由于散热不良而引起体温升高、血管舒张、脉搏加快、心率加速。冬季如果室内温度经常保持在 25 ℃以上，人就会神疲力乏、头晕脑涨、思维迟钝、记忆力差；室内温度过低则会使人体代谢功能下降，脉搏、呼吸减慢，皮下血管收缩，皮肤过度紧张，呼吸道黏膜的抵抗力减弱，容易诱发呼吸道疾病。因此，科学家把人对"冷耐受"的下限温度和"热耐受"的上限温度分别定为 11 ℃和 32 ℃。在湿度方面，相对湿度上限值不应超过 80%，下限值不应低于 30%。适宜的室内温度、湿度见表 2。

其次，在振动与声响环境方面，根据远洋船噪声标准参考值要求，客舱中头等舱和二等舱噪声允许值分别为 45 dB 和 50 dB，居住舱室需采取必要的隔声和降噪措施，在门窗等噪声源处使用特殊的吸音材料和隔音结构。另外，振动值的限制也是豪华邮轮居住舱室的重要设计标准，人作为弹性体，在正常重力作用下，其固有共振频率维持在一种平衡状态，当船体改变振动加速度时会大大影响游客的注意力和休息，进而影响到居住舒适性。

表 2 适宜的室内温度、湿度

	适宜温度 / °C	适宜湿度 / %
冬季	18~25	30~80
夏季	23~28	30~60
装有空调	19~24	40~50
对人思维活动产生影响	18	40~60

最后，在色彩与照明环境方面，从色彩设计的角度可将组成室内色彩的物件归为以下四类：室内建筑构件、室内设备、室内陈列品、室内纺织品。这四类色彩物件各自有着不同的形体、尺度、纹饰和质地，与不同面积、状态、质地、光泽的家具相互渗透、彼此交融，形成色彩汇合的组合体。如家具与墙壁形成家具壁，纺织品与家具的一体化形成软家具，墙面与染织品的一体化形成墙纸与墙布等。针对照明方面，国际上对豪华邮轮居住舱室的照明设计标准也有明确规定（表 3）。除满足照明标准外，居住舱室要求照明适当不单调，光线具有方向性、扩散性以增强视觉效果，集中采光和漫射采光相结合，色彩调和而富有美感。

表 3 美国、日本船舶照明标准

场所	美国 /lx	日本（1）/lx	日本（2）/lx	照明率	
				直接照明	半间接照明
起居室	40~50	60~100	70~100	0.5	0.4
浴厕	45	40	30~70	0.5	—

2.3 艺术性要求

艺术性要求即必须遵循一定的美学规律，利用形态、色彩、质地等各种造型要素进行协调的组合和创造。豪华邮轮居住舱室的高品质不仅表现在居住舱室美化的装饰设计上，更是艺术、技术和工艺的统一，而这也是模块化设计建造的精华所在。

图 1 豪华邮轮舱室居住艺术性体验

　　豪华邮轮的舱室居住艺术性主要体现在三个方面：精致简洁的接口构造工艺美学、质感舒适的敷材家具材料美学、主题鲜明的软装饰面艺术美学（图 1）。

3　大型豪华邮轮居住舱室模块体系

　　预制模块化居住舱室是基于功能分析和系统分解，用标准化的功能模块单元通过组合方式构建具有独立居住功能的系统的过程。模块化居住舱室主要包括围护结构（舱壁、顶棚）、连接

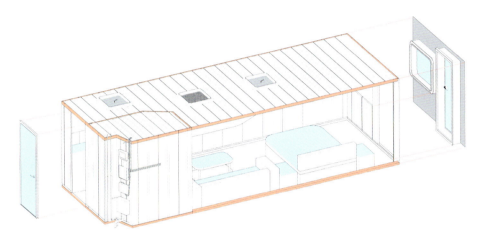

图 2　大型豪华邮轮居住舱室（阳台房）

型材、门窗、设备、家具、卫生单元等基本模块（图 2）。对于模块化体系来讲，最重要的是两个方面：一是各功能模块单元的模数协调，二是功能模块之间的连接形式。

　　对于居住舱室功能模块的模数，可以通过统计分析调查资料，结合中国人的行为尺度，构建一套适用的数值作为模数设计的基础。在船舶满足结构要求的前提下，居住舱室的尺度值应该是船舶上层建筑总体形体模数化的协调尺寸，并尽可能考虑肋骨间距（一般为 700~800 mm），采用标准推荐的协调尺寸。

　　根据相关标准，标准模数的优选顺序为 300、100、50，协调尺寸为其倍数，符合规定的人均面积通常都在 6 ㎡以上。关于居住舱室的总体尺寸，统计结果表明，适合中国人的舱室净高最佳尺寸为 2100 mm，最低忍耐高度为 1950 mm。舱室宽度取肋骨间距的整倍数，如依据船舶肋骨尺寸协调，居住舱室合适的净宽为 2400 mm、2800 mm。舱室的长度一般为 6~8 m，按照卫生单元、家具模块等基本需求协调尺寸。

　　另外，居住舱室功能模块的连接形式在很大程度上影响了施工难易程度，以及舱室结构的稳定性和抗冲击力，是模块化设计和建造的难点。

　　需要说明的是，豪华邮轮居住舱室从整体上实现标准化、系列化的过程较困难，除了考虑人的基本生理特性、社会特性、民族风俗，更需与船体整体结构相协调。因此，舱室空间的总体

布置也是模块化的前提和关键，如果在上层建筑形体设计和结构围壁布置完成后，再将剩余空间用于布置居住舱室，无疑很难达到令人满意的模块化、标准化水平。

3.1 居住舱室壁板与型材结构模块

居住舱室壁板是舱室的重要组成部分，共同构成了舱室的围护结构模块。它由复合板材料和相应的配套连接型材拼接组成，且与型材有多种衔接方式（图3）。

壁板主要由岩棉板壁板（可用铝蜂窝夹层板替换）材料和顶板材料组成。壁板整体材料的模数按550 mm宽度的协调模数规格，并在此基础上形成300 mm宽度的顶棚壁板。也有600 mm×600 mm的方形壁板，板材厚度有25 mm、30 mm、50 mm三种。衔接板材的型材有角钢、槽钢、工字钢、Z字钢、Y型钢等。顶棚壁板模块的复杂性在于和电气、通风、音响等设备的结合，在布置灯口、管路、电缆口和通风口时，应力求壁板无缝衔接、接口对齐，达到表面整洁美观的效果。如前所述，舱室壁板表面敷材是影响舒适度的重点，是耐火性、耐久性和艺术性的综合，这项工艺也是中国未来的研发重点。

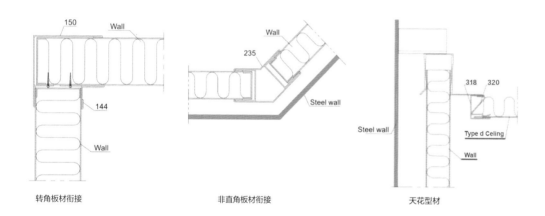

图3　板材与型材的衔接方式

型材是通过结构变形增加刚度和结构支撑力的材料，通常采用镀锌钢板。型材不仅是重要的力学构件，也是结构美学构件，其模块化设计更是工艺设计的重点。尤其是天花型材，承担着舱壁和顶棚的连接，是两个相互垂直界面的交接线，是舱室视觉的焦点。

3.2 居住舱室家具模块

家具模块主要包括床、沙发、写字台、衣柜等，家具模块的标准化、集约化设计是舱室舒适度的重要体现。符合人机工程的尺寸、合理高效的收纳能力、安全美观与稳固是家具模块设计的要点，也是产品设计研究的重点。表4所示为邮轮居住舱室家具模块的静态空间。

表 4　邮轮居住舱室家具模块的静态空间

家具类型	静态空间尺寸 /mm
双人床	2000×1700
沙发	1900×800
写字台	1300×550
衣柜	1300×550

另外，研究发现，家具与舱壁的连接方式也是影响舱室整体结构稳固性和抗冲击力的重要方面，不同的连接形式会带来不同的结构性能。为了有效减少舱室对冲击的响应，舱室和甲板一般采用隔振装置分隔开。舱室门洞根据建筑中门的最小标准尺寸设计，舱室顶棚与舱壁处布置灯口、管路、电缆口和通风口，为便于线路布置，灯口一般取在顶棚的中心位置。由于甲板刚度相对舱室顶部刚度较大，舱壁处开口位置应适当靠近舱室底部。

影响舱室刚度的家具包括床和衣柜。床与侧壁衔接处易发生结构破坏，舱室模块外板单元变形可能性较大，为防止变形产生，需改变床与侧壁的连接形式，减小板单元固定端的跨距，增强舱室外板结构抵抗变形的能力。衣柜与舱壁和顶棚的连接处已经有角钢和床侧壁，故而衣柜与舱壁和顶棚的连接对模块刚度的影响不大。

3.3　卫生单元模块

卫生单元的基本结构由钢质框架或其他强度相当的框架、钢板底盘、壁板和天花板及内部设备组成（图 4）。卫生单元是设备集成的重要区域，给排水设备和电气设备接口是施工检测的重点。其设计要点为整体化设计，即整体卫生单元内部的卫生洁具、附件、五金件、门等均安装完整，外部预留管系对接接头及电气接线盒，顶部安装吊运耳环或支架，底部装有调节螺杆。整个卫生单元是在工厂里预制加工好的，只需要运到现场整体吊装，接通水源、电源即可使用。

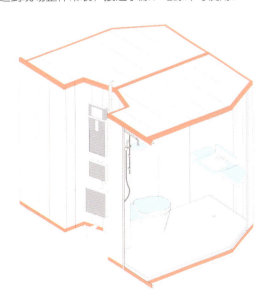

图 4　卫生单元基本结构

卫生单元安装速度快、操作工艺简单、内设标准统一、不易渗漏，但设计要求严密，安装精度高。在安装时需准确找到卫生单元模块的位置及尺寸，保证肋位及其他尺寸位置的一致性，还需避免上下管系接口的误差。卫生单元的管路部分分为进水和排水系统，在设计定位时需计算好单元与舱室围壁之间的距离并做好接口衔接，卫生单元的门框要与舱室内围壁衔接好。同时，坐便器的后方需预留维修空间，该区要避开甲板反面的强横梁，防止出现水管无法衔接的情况，且维修空间需尽量避开钢围壁死角，方便工作人员进行安装和后期检修。

4 大型豪华邮轮居住舱室安装流程

大型豪华邮轮居住舱室的模块化修造是装配式设计施工一体化的典范。一体化不仅是模块化方案的设计，更包括了材料分解采购与后期组装的统筹。前期设计包含的工艺做法、施工组织、技术规范是方案设计的关键内容，后期详细设计、生产设计则与材料供应商密不可分。国际上知名的舱室设计施工公司都有规范化操作的技术指导（包括技术操作手册与申报检验流程），且均有材料供应信息库作为设计工作的支撑。以上每一个环节都是中国豪华邮轮舱室模块化修造的研究重点。

大型豪华邮轮居住舱室模块化安装流程总体可以分为三个阶段，即设计采购、平台组装、船上安装。通过调查研究可以掌握安装的整个过程，但是模块设计、精度控制、工艺保证这三个方面仍然有很多细节措施需深入挖掘。同时，整个过程均由熟练技术工人掌控，工人的素质和素养也在安装过程中起到关键的作用。

4.1 设计采购阶段

设计采购阶段的难度不在于前期舱室方案设计本身，而在于对材料供应的把控和对平台组装工程的总体计划。在设计图纸表达方面，调研时发现很多设计公司有自己的制图标准，并不完全统一，主要表现在模块编号和索引标号系统上，这也是各自技术风格的体现。

后期设计的衔接性工作主要是编制舱室建造流程，提供材料采购单。材料采购单是和材料供应信息库相对应的。这是一项科学而细致的工作。设计部门需要在施工前两个月开始拟订采购计划、提供采购说明和采购单，采购过程中需要做好质量把控和工厂验收（或现场验收）。工厂验收（FAT）或现场验收（SAT）是采购环节的关键，需按照验收大纲执行，验收大纲必须包括本功能模块的规范书要求。

4.2 平台组装阶段

大多数舱室设计建造公司在施工时，会在船舶建造区的附近建设舱室组装车间和生产线，尽可能减少运输成本和损耗。整个流水线操作的重点是组装平台的水平度和精度控制（误差在 ±2 mm 之内），以及各功能模块组装的效率和工艺质量把控。

组装平台的精度控制是安装工作的核心，事实上，平台本身就是一个需要联合多专业设计的重要组件。理想的组装平台应是有精确的定位线、轨道，可移动旋转、操作方便的一体化机械装置。但目前国内大多数船厂仍按照生产工艺流线，采用分工段的带状组装平台，不仅降低工作效率，而且易产生较大误差。功能模块组装流程是工艺质量的重要保障（图5）。

舱室前期设计

上平台轨道、固定底框结构　　　　舱壁板安装　　　　连接卫生单元

电气通风设备、电缆桥架接线　　　大型家具连接　　　天花型材锚固、天花顶板安装

内装检验修补　　　　清洁擦拭　　　　打包出厂

舱室吊装上船

图5　模块化舱室平台组装流程示意图

4.3　船上安装阶段

船上安装阶段主要包括入舱定位和固定、设备连接和调试、散装家具布置三个方面。当然，吊装上船之前需做好准备工作，如舱室生产的数量应与舱室吊装的数量匹配，并做好计划联动；施工现场的工具准备，如叉车的加长叉牙、预制模块化舱室单元专用吊笼、预制模块化舱室单元专用转移小车及撬棒；清洁整理船上场地，移除路线上的障碍物，保证推拉进入现场的路线上的净高能够容纳舱室单元通过。

入舱定位和固定。舱室单元运输到施工现场后，通过吊笼或平台，同时需要出具吊装工艺图指导上船。根据吊车的能力和现场的高度，也可以选择适用的伸缩臂叉车。推拉舱室单元时需要使用特制的油压助力小车和角轮，推拉至舱室的底槽位置。当舱室安放定位完成后，需采用点焊的方式固定，焊点分布间距约为2 m。舱室固定后，需根据图纸在窗盒位置画线开孔。地面的处理往往采用水泥自流平做法，地毯铺入裁定，用地面刷胶的方式拉平做整。

设备连接和调试。设备主要包括空调、进排水系统、电气通风设备、照明和音响设备。设备的总控接口基本集中在两个舱室之间的维修三角区，甚至可以考虑接线箱为两个舱室共用，以减少接线箱的数量，达到轻量化目的。空调安装在舱室顶棚壁板的背面，用适合的支撑结构固定，并根据相关图纸衔接风管和电线。冷热水管分别连接相应阀门接头，排水系统分为灰水（中水）和黑水（污水）排放系统，接电箱主供电路分为灯光电路、信号电缆、应急电源等。最后的调试需要对管道完成压力试验、通风接口和电气系统查验、绝缘状态与火工状态查验等工序。

散装家具布置。在现场施工过程中，尤其需要避免破坏，需对施工受影响区域采取必要的保护措施。散装家具布置后，需对油漆状态、铁舾件状态、门窗玻璃等进行检验，并使用软布深度清洁以后向船东交验。

5　总结

综上所述，豪华邮轮居住舱室模块化修造体系重点有三：一是材料的运用与把控。在中国，大多数高端材料并没有实现国产化，舱室艺术化设计也需要向国外定制敷材和饰面材料作为支撑。材料体系把控越全面，舱室模块化设计、工厂组装等工作才能越顺利。因此，构建一套适用的材料供应数据库是前提。二是平台组装的精度与工艺控制。这里不仅涉及材料、操作方法的控制，更涉及技术工人的熟练程度。精度与工艺控制是舱室豪华品质的保障，实时监测关键节点的数据，不断优化和完善工艺操作流程是应对的重要手段。三是舱室修造过程中的技术工具研发，包括舱室组装平台、入舱推拉铲车、设备调试检测工具、水平度与精度测量工具等。这些技术工具可以和机械自动化专业合作研发，是豪华居住舱室品质的重要保障。

本文构建了大型豪华邮轮居住舱室模块化的修造体系，针对各功能模块的构成、设计组装和现场安装流程进行概述，总结了如上三个要点，力图为中国豪华邮轮居住舱室修造体系提供进一步的技术攻关方向。

大型邮轮中庭空间"场所精神"营造策略

王兴宇

王兴宇,武汉理工大学设计学博士,国家留学基金委公派米兰理工大学联合培养博士。

我本次分享的内容主要分为三个部分:第一部分,向大家阐述大型邮轮中庭空间的重要性和特征。第二部分,我们将探讨如何将场所精神注入中庭空间,使中庭空间能够展现邮轮独特的魅力。第三部分,基于场所精神理论探讨大型邮轮中庭空间场所精神的营造策略。

现代意义上的大型邮轮中庭空间最早出现在 20 世纪中期的海洋君主号上,当时设计师计划将中庭空间植入大型邮轮。众所周知,邮轮是一个空间密度极高的场所,空间非常有限,因此设计师的观点受到了质疑,认为这样做浪费空间。然而,整个中庭空间气势恢宏的效果也获得了很多游客的称赞,因为在整个低密狭隘的舱室空间中,有一个贯穿三四层甲板的公共空间,会让游客眼前一亮。当第一艘大型邮轮引入中庭空间以后,后续大型邮轮设计中都会考虑中庭空间设计方案。

我们来看一下中庭空间的特征,主要体现在四个方面。第一,功能复合化趋势。中庭空间已经不是通俗意义上的交通空间,除了交通枢纽功能,它还被注入了观影功能、休闲功能、娱乐功能等,已经成为高密度复合功能空间。第二,受邮轮船体结构的限制,中庭空间多为均衡式和对称式布局。大家从图 1 可以看到,中庭空间是基于船体结构进行设计布局的。第三,中庭空间的边界变得越来越清晰。清晰化的边界通常采用一些装饰性元素,比如植入画廊空间使整个中庭空间产生趣味性的视觉效果,同时对邮轮空间进行了"分割"。第四,大型邮轮中庭空间装饰元素具有多元化特征。比如意大利邮轮就有着鲜明的意式风格特征,典型的有威尼斯号邮轮、赛琳娜号邮轮,其中庭空间比较多地运用了意式元素。威尼斯号邮轮就运用了科林斯柱式,该柱式作为主体结构之一,连同柱式结构

图 1　邮轮中庭空间设计布局

上的浮雕等，共同营造了彰显意大利文化特色的空间氛围。

　　我们再来看看什么是场所精神。代表性学者主要是诺伯特·舒尔兹。场所精神的核心就是在空间中注入情感元素、文化元素、历史元素等。诺伯特·舒尔兹主要受到康德和胡塞尔的影响。在康德提出将经验转化为理性的观点之上，笛卡尔的理性主义观念进一步影响了诺伯特·舒尔兹的场所精神理论构建。胡塞尔则是从现象学视角对相关理论做了进一步研究。这些都成为诺伯特·舒尔兹构建场所精神理论框架的基础。诺伯特·舒尔兹将场所精神理论研究延伸到空间领域。他认为空间不仅仅是一个容器，也蕴含着场所精神。比如，劳斯莱斯汽车的前脸源于古希腊神庙，它就是被赋予了场所精神的典型空间营造范式。人们希望通过神庙实现"与神灵沟通"的愿望，进而获得心理层面的净化，引导人们走向真善美的生活方式。

　　我们可以看到，威尼斯号邮轮中庭空间（图 2）呈现出比较典型的意大利式风情。赛琳娜号邮轮中庭空间被植入了鲜明的西方宗教文化，中庭也被命名为"万神殿"，希望受到神灵的庇护。因为大型邮轮在海上航行，邮轮的安全性是所有乘客都关心的，所以赛琳娜号通过"万神殿"营造场所精神，给游客心理注入一些安全感。而迪士尼系列大型邮轮多以迪士尼卡通人物为主题。迪士尼邮轮主要面向家庭出行，亲子游客比较多，多数家长会带小孩去玩。当他们进入迪士尼号邮轮中庭空间时，就会被浪漫的童话世界这种场所精神所感染。因此，谈到中庭空间场所精神，就必须强调主题性。也就是说，任何中庭空间都有主题，场所精神和主题是密不可分的。

图 2　威尼斯号邮轮中庭空间

　　这些案例都印证了诺伯特·舒尔兹提到的场所精神对空间感知的影响 。

　　在场所精神的引导之下，邮轮中庭空间有三种价值体现。第一种价值就是中庭空间可以延续邮轮航区的历史文脉。不同航区，比如说北欧航区、日韩航区、中国航区，都有着不一样的历史文化底蕴。第二种价值就是塑造大型邮轮中庭空间场所特质。比如，当游客进入迪士尼号邮轮中庭时，很显然感受到的是一个很有趣味的、有浪漫主义情怀的童话世界。而游客一旦进入比较有北欧特色的大型邮轮中庭空间，就会感受到具有北欧文化特色的中庭空间场所精神。第三种价值就是满足游客感知层面的需要。通过营造中庭空间场所精神可以提升游客情感体验。当前，我们还可以利用虚拟现实技术营造中庭空间场所精神，让用户获得更好的邮轮出行体验。

　　那么，我们应该如何营造大型邮轮中庭空间场所精神呢？我认为可以有三个方向：一是通过科技理性的"显性"设计策略营造具有理性精神意涵的大型邮轮中庭空间场所精神。对于一些具有高科技特征的大型邮轮而言，中庭空间场所精神营造的主要目的是彰显科技氛围，其理性精神是一种重要表征。二是通过节庆叙事的"移情"设计策略创造共情场景，进而营造大型邮轮中庭空间场所精神。三是文化意涵的呈现，即通过航区文脉的"耦合"设计策略提升文化归属的共识性。接下来我将具体介绍这三大策略。

　　第一个是科技理性的"显性"设计策略。我们知道，科技是具有时代烙印的。比如，计算机是 20 世纪中后期的高科技代表，被视为当时历史语境下的前沿科技。但现在计算机已经达到一种家庭普及化的程度，也就是说，它具有鲜明的时代烙印。时代烙印是科技表现出的一个非常典型的特征，因此，在邮轮中庭空间营造具有时代特征的科技精神是重要的思考方向。嘉年华展望号邮轮中庭空间（图 3）就运用了一种高科技虚拟成像技术，这种虚拟成像技术可以展现多样化的主题内容，包括一些海洋主题、森林主题等。通过一些技术、方法，可以使游客对高科技产品产生好奇心，也使得大型邮轮科技理性的特征得到显现。

关于大型邮轮中庭空间科技理性的显性设计内容，可以总结为三个方面。一是结构理性的体现。结构理性主要针对构图，包括均衡式、对称式构图。由于受到船体结构的约束，大型邮轮中庭空间多采用对称式和均衡式布局方式。结构理性传递出深邃的哲学意境以及高雅的理性品格。二是形制特色的构建，主要体现在高科技材料的应用，从形制层面来塑造一种威严感和秩序感。一些庞大的建筑物、建筑群，通过场所精神的营造也会给游客带来一种秩序感、威严感，蕴含着理性精神。三是科技题材的应用。比如说太空主题、人工智能主题等，这些主题有助于中庭空间场所精神理性意涵的营造。这些主题就是一种科技理性的显性设计，可以吸引更多的游客乘坐邮轮旅游，增加了游客的参与度，提升了游客黏性。

第二个是节庆叙事的"移情"设计策略。即根据叙事的线索进行中庭空间场所精神营造。在这个过程中会用到分布式设计方法。分布式设计方法不仅是一种装饰手法，更多的是通过叙事框架营造中庭空间场所精神。叙事框架是指在叙事理念和叙事线索基础之上，从宏观视角对中庭空间进行布置，然后再注入空间叙事内容，即节庆的主题，比如圣诞节主题等。明确的主题有助于引导游客进入中庭空间。这种节庆事件就是以空间叙事方法为主，渲染出中庭空间场所精神。在运用节庆叙事的"移情"设计策略时，要聚焦审美认同，通过各种艺术设计手法，让游客产生审美认同感和归属感。节庆叙事的"移情"设计策略应用通常也会涉及文化意涵表达，其要与大型邮轮航区文化特色保持一致。

第三个是航区文脉的"耦合"设计策略。文化、地理及历史元素都是航区文脉"耦合"设计的素材来源。从文化视角看，设计师可以将大型邮轮航区所蕴含的文化意境再现作为航区文脉"耦合"的主轴线，进而成为中庭空间场所精神营造的素材，对该航区游客而言，能够产生一定的文化认同感。从地缘视角看，设计师可以通过对大型邮轮航区水系、植被、景观等地理特征进行深入提炼，达

图 3   嘉年华展望号邮轮中庭空间

到助力中庭空间场所精神彰显的效果。从历史视角看，设计师可以
通过历史场景的构建还原大型邮轮航区经典历史事件，再通过空间
叙事方法进行中庭空间场所精神营造。

　　将大型邮轮航区的历史、文化、地理、人文元素融入中庭空间，
完成中庭空间场所精神营造，这个过程就是设计师编码的过程。设
计师的编码越清晰，越有系统性，游客解码的效率就会越高，更易
于理解中庭空间场所精神。设计师在编码时，将各种元素合理分布
在中庭空间，也是航区文脉"耦合"设计策略的重要内容。

　　最后做一个简单的展望。目前邮轮业发展进入寒冬期，如何利
用这段时间将所有的困境转化为机遇，进一步优化大型邮轮中庭空
间设计，尤其是营造凸显邮轮品质的中庭空间场所精神，为邮轮业
的复苏做好准备是至关重要的。

邮轮游艇外观设计方法研究与实践探索

姜杰

姜杰，武汉理工大学艺术与设计学院博士研究生。

1 研究背景

1.1 国际邮轮市场强劲复苏

2019 年，全球邮轮业总收入超过 270 亿美元，同比增长 5%，2020 年受疫情影响同比下降 88%，2021 年略有回升，但仍与疫情发生前水平有较大差距。根据国际邮轮协会（CLIA）的统计数据可知，2013—2019 年全球远洋邮轮乘客人数年均复合增速约为 5.7%，2019 年接近 3000 万人次，2020 年受疫情影响大幅下跌 81%。2022 年，得益于各国陆续开放旅行限制，全球邮轮市场强劲复苏，全球主要邮轮公司所属邮轮船队全面复航。2022 年全年全球邮轮旅客量明显回升，达 2040 万人次，同比增长 325%。预计到 2023 年，邮轮旅游业将达到 2019 年水平的 106%，届时将有 3150 万乘客出海（图 1）。相比之下，联合国世界旅游组织 2023 年 1 月预测，2023 年的国际游客人数将是 2019 年水平的 80%~95%。

当前，邮轮旅游仍然是旅游业中增长最快的行业之一。2016—2022 年，全球邮轮运力供给稳步增长。2022 年全球邮轮运力达 62.5 万个泊位，同比增长 3%。根据国际邮轮协会官方数据预测，2022—2028 年，全球邮轮运力预计增长 19%，达到 74.6 万个泊位（图 2）。

1.2 国家政策积极推动邮轮产业发展，邮轮市场发展壮大

邮轮产业政策一直是推动中国邮轮事业发展的最基础和最强劲的动力，并且随着中国邮轮产业的动态发展，邮轮产业政策也在不断更新迭代和升级。2022 年 8 月，工业和信息化部、国家发展改革委、财政部、交通运输部、文化和旅游部等五部委联合出台了《关于加快邮轮游艇装备及产业发展的实施意见》，政策覆盖面广、指导意见细致，让业界看到了未来中国邮轮产业发展的前景和方向。

图 1　国际邮轮协会 (CLIA) 邮轮客运量预测

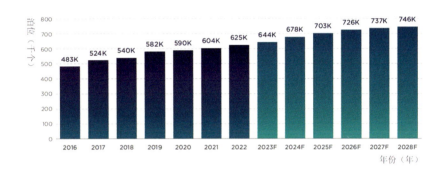

图 2　国际邮轮协会 (CLIA) 邮轮运力预测

1.3　外籍邮轮主导中国邮轮市场，本土邮轮仍需攻坚

目前邮轮设计建造技术被掌控在法国、德国、意大利、芬兰等极少数国家手中，特别是欧洲的大型造船企业，凭借其先进的设计理念、设计方法和造船技术等先发优势，成为全球邮轮制造业的绝对垄断者，形成了极高的技术壁垒。因此，冲破国际壁垒，进行邮轮自主设计研发与制造已迫在眉睫。中国首制大型豪华邮轮于 2019 年 10 月开工建造，在 2021 年 12 月顺利实现坞内起浮的里程碑节点后进入完工交付的"后半程"阶段，进入 2022 年，该建造工程更是取得了一系列的重大建设成果，为新船交付运营打下了坚实基础。2022 年 8 月，我国第二艘国产大型邮轮（H1509 船）顺利开工，正式开启大型邮轮"双轮"同建的新征程。

在此背景下，邮轮设计也逐渐成为研究热点。目前邮轮设计方法研究以总体设计或工程设计方面的内容为主，且多关注特定研究方向或特定空间的探索，如邮轮内装设计研究、邮轮外观设计研究、邮轮公共空间信息设计研究、邮轮港口设计研究、邮轮航线设计研究等，相对缺乏用于直接指导邮轮等船舶设计实践的、具体的、一般性的流程和方法。

2　邮轮基本构型和设计要点

根据邮轮造型特征，可将邮轮外观简单划分为首部、尾部、侧立面、顶部、涂装 5 个部分。

2.1　邮轮首部造型

大型邮轮首部造型相当于汽车外观造型中的"前脸"，其不仅是大型邮轮立面轮廓线和整体造型的重要构成部分，也是表现邮轮造型的前进态势与动感、传达邮轮造型的表情与性格的关键部位。

大型邮轮首部（图 3）一般指邮轮主船体吃水线以上，首楼正立面以前（包含驾驶舱和翼桥部分）的区域。大型邮轮首部造型一般包括前体船首、前甲板、前甲板围栏、防波堤、首楼正立面造型（如舷窗、走廊等）、驾驶舱（含舰桥）、直升机停靠坪（部分邮轮在顶层甲板）和其他元素（如锚链孔、首部甲板设施等）。

进行邮轮首部造型时，应注意以下设计要点：①部分形体应服从"形式追随功能"的原则。例如，由于驾驶舱及翼桥部分要求具有较好的视野，其造型一般为倒梯形，即墙体向内倾斜，能够产生较为广阔的视野；考虑到首楼正立面舷

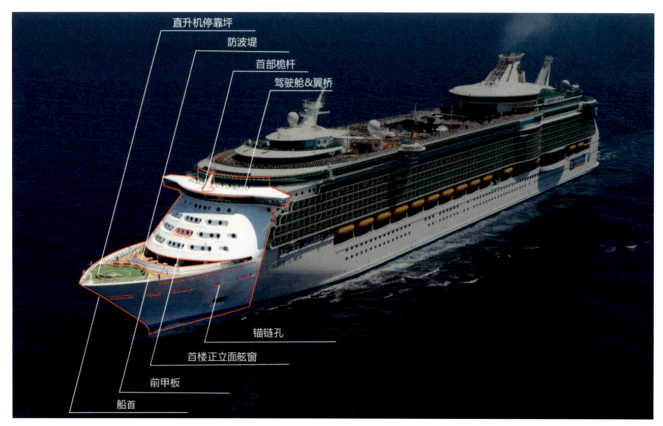

直升机停靠坪
防波堤
首部桅杆
驾驶舱&翼桥
锚链孔
首楼正立面舷窗
前甲板
船首

图 3　皇家加勒比邮轮"海洋自由号"首部

窗抗风能力、导流雨水功能以及防暴晒等问题，在进行造型设计时，一般会设置眉毛板、配备遮光板或使舷窗凹陷一定深度。②各形体之间应保持相互协调。例如，在划分直升机停靠坪区域时，应充分利用前甲板有限的空间，保证直升机平台与整个甲板比例协调，其造型元素（如轮廓线等）应与其他形体要素的造型元素相呼应；在进行防波堤造型设计时，需注意它是依附首部前甲板而设置的防海浪的屏障，其造型轮廓应和首部前甲板造型轮廓保持协调统一。

2.2　邮轮顶部造型

　　大型邮轮顶部造型是决定邮轮立面轮廓线与海天所形成的天际线的关键，也基本决定了邮轮鸟瞰视角下的主要视觉形象和特征，因此顶部往往是大型邮轮整体构图中的趣味中心，也是大型邮轮外观设计的重点。

　　大型邮轮顶部（图 4）指顶层甲板（含）以上的部分，它是邮轮整体外观的制高点，聚集了烟囱（主烟囱、副烟囱）、桅杆（主桅杆、副桅杆）、卫星通信穹顶、直升机停靠坪（部

分邮轮在前甲板）、顶层甲板上的露天活动场所（泳池、阳光浴场、高尔夫球场、漫步跑道、攀岩场地、高空观景台等）等众多特色鲜明、形式多样、造型丰富的标志性设施和空间。

　　进行邮轮顶部造型时，应注意以下设计要点：①顶部的制高点形体应体现出整个邮轮外观造型的态势。例如，烟囱和桅杆在满足功能性和安全性的前提下，一般向后倾斜，使邮轮具有向前行驶的态势。②在分析其涵盖形体的变化与组合时，应注意其形体要素之间的协调。例如，由于位置（高度）的需要，桅杆和烟囱一般与顶部的其他建筑设施结合在一起，而雷达阵列信号和鸣笛一般又会和桅杆、烟囱等较高的设施结合在一起。③在分析其顶部空间布局时，应注意各区域设施的属性（包括造型的高低、大小、功能和作用等），使空间组织合理、层次分明。例如，前桅杆和烟囱的间距尽可能大一些，能够使中间有足够的空间来布局一些需要占用较大场地的设施（如泳池、高尔夫球场等）。④邮轮顶部的轮廓线条是邮轮俯瞰视角的重要特征之一，合理设计邮轮顶

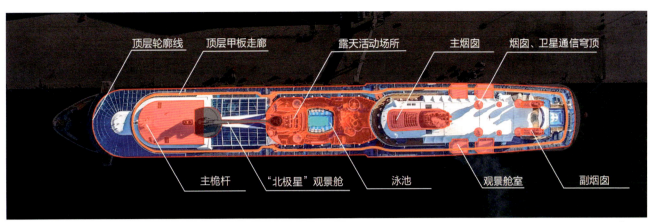

顶层轮廓线　顶层甲板走廊　　露天活动场所　　主烟囱　烟囱、卫星通信穹顶

主桅杆　"北极星"观景舱　泳池　　观景舱室　　副烟囱

图 4　皇家加勒比邮轮"海洋赞礼号"顶部

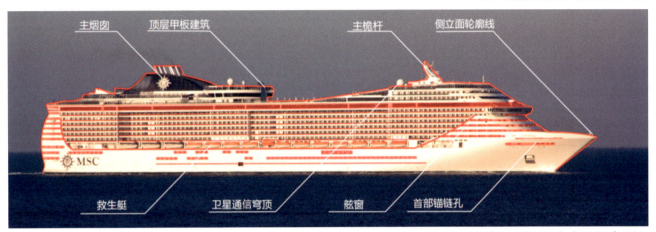

主烟囱　顶层甲板建筑　　　主桅杆　　侧立面轮廓线

救生艇　卫星通信穹顶　舷窗　首部锚链孔

图 5　MSC（地中海航运公司）"幻想曲号"侧立面

副烟囱　　主烟囱　顶层甲板建筑　　主桅杆　侧立面轮廓线

尾部锚链孔　卫星通信穹顶　舷窗　救生艇　首部锚链孔

图 6　皇家加勒比邮轮"海洋神话号"侧立面

图 7　皇家加勒比邮轮"海洋量子号"侧立面

部功能区间的整体规划和造型，能有效提升大型邮轮顶部轮廓线条的视觉效果。

2.3　邮轮侧立面造型

大型邮轮的侧立面在邮轮外观中所占面积比例最大，因此非常容易吸引人的注意。而上层建筑中的客房阳台、舷壁上的舷窗、悬挂的救生艇等，往往数量众多且沿水平方向密集排布，极其容易形成秩序感，甚至形成大型邮轮整体外观的肌理特质。

大型邮轮侧立面（图5至图7）是指邮轮吃水线以上，从正侧方向所看到的区域，其主要由主船体舷侧、舷墙、上层建筑侧立面以及侧立面上的设施构成。大型邮轮的侧立面一般包括侧立面舷窗、侧立面走廊、设施（救生艇等）、锚链孔、上层建筑侧立面（烟囱、观景台侧立面等）以及各部分轮廓线等元素。

研究邮轮侧立面造型时，应注意以下设计要点：①分析其涵盖的形体，要注意块面的分割与组合、线条的走向与组织。例如，在上层建筑侧立面这一大块面上，每层甲板的走廊形成了横向的线条，为了增强这种横向的线条，一般走廊的围栏采用玻璃墙代替，而玻璃墙又能与旁边的舷墙产生一定的对比，使其更富有层次，如"海洋绿洲号"邮轮，侧立面形体的转折起伏使侧立面形面关系更加丰富、更有层次感。②分析其侧立面的形体元素，要注意舷窗、救生艇等布置与排列。例如，单个舷窗可作为点元素，在满足功能合理的前提下，将其按一定规律排列即可形成连续的线段、断续的线段或者具有一定形状的面等。因此，将舷窗、救生艇以及其他能作为点元素的部件，在邮轮侧立面通过一定的重复或组合排列能够形成较强的节奏感和韵律感。

2.4　邮轮尾部造型

大型邮轮尾部造型同样是影响邮轮整体外观态势与动感的重要因素，而且相对于其他部分，邮轮尾部有更多的变化形式和更大的创新空间（如传统邮轮尾部大都采用封闭式造型，"海洋魅力号"则将尾部露天剧场与上层建筑的中庭及露天步行街直接贯通），如设计得当可成为邮轮整体外观的亮点（图8）。

大型邮轮尾部是指邮轮后部顶层甲板以下、吃水线以上，与侧面舷墙后部轮廓线相交的区域，一般包含封闭式尾部和开放式尾部两种形式。大型邮轮封闭式尾部造型变化形式较少，一般仅包括观景台、走廊等区域，而开放式尾部有更大的创新空间，能够产生更多的变化形式，一般包括露天剧场、泳池、观景台等区域。

研究邮轮尾部造型时，应注意以下设计要点：①对于封闭式尾部造型而言，要注意整个尾部曲面的分割和组合关系。例如，邮轮的侧面舷墙向尾部过渡时一般比较平滑自然，造型圆润，给人以优雅的感觉；尾部各层甲板上的走廊、观

图8　皇家加勒比邮轮"海洋魅力号"和"海洋水手号"尾部

图 9　星梦邮轮"云顶梦号"邮轮涂装

图 10　诺唯真邮轮"喜悦号"邮轮涂装

景台等从舷墙所分割的空间的造型应相互呼应，与整体造型统一。②对于开放式的尾部造型而言，要考虑其形面关系的变化以及各功能区域的设置。例如，邮轮的侧面舷墙向后过渡时，应与侧面舷墙上的造型保持协调，所设置的场地造型也应与尾部整个造型甚至是邮轮整体造型协调一致。③注意尾部各形体要素所形成的轮廓线以及各形体相交所形成的相交线。例如，尾部各形体轮廓线相互呼应，能形成较强的节奏感和韵律；邮轮的侧面舷墙与尾部交接所形成的轮廓线（纵向），能够丰富尾部的形面变化，增加尾部形面的层次感。

2.5　邮轮外观涂装

　　邮轮外观涂装是邮轮外观的重要组成部分，它可使邮轮外观"披上"一身美观的外衣，能够通过色彩、图案、文字等元素丰富邮轮外观造型，协调邮轮与航行环境，表现邮轮旅游主题，增强游客视觉体验。邮轮外观涂装是一种能够快速、有效地展现邮轮外观风格特征的手段，且具有一定的经济性和重复性（可多次修改涂装主题）。

　　邮轮外观涂装（图 9）一般是指邮轮外观表面所覆盖的保护层或装饰层（装饰层一般具有一定的装饰性和功能性）。它是基于邮轮整体结构造型之上的"平面效果处理"，既包括能够极大程度提升邮轮整体外观艺术设计效果的全船色彩（主船体与上建色彩）、局部色彩（如烟囱、甲板色彩等）及其搭配，也包括起到点睛作用的局部装饰图案（如主船体首部涂装）、徽标（如主船体或烟囱上的企业 logo 等）、文字（如舷号、船名等）。

图 11　皇家加勒比邮轮"海洋绿洲号"整体造型

图 12　公主邮轮"钻石公主号"整体造型

研究邮轮外观涂装设计时，应注意以下设计要点：①邮轮外观涂装不仅要在设计上与邮轮外观的造型和结构相匹配，与航行环境相协调，还要考虑到复杂图案在双曲面上（如主船体）投影的精确性、调色的还原性、色彩在不同照明下的显色性等技术问题，以达到平整、光洁的效果。②邮轮外观涂装应通过表面整体的设计形式传达出邮轮的主题、文化和寓意。例如，诺唯真邮轮专门为中国市场打造的"喜悦号"邮轮（图 10），其涂装整体色调以中国古代皇室常用的红色和黄色为主，红色代表喜悦，与邮轮名称相呼应，黄色代表尊贵，与邮轮的整体外观相得益彰。不仅很好地传达和诠释了中国传统文化的内涵，还寓意邮轮旅程的吉祥和顺利。

大型邮轮外观的整体造型是由各个局部（方面）共同构成的，各个局部之间并不是相互割裂甚至彼此对立的，也不是简单地叠加或机械地组合在一起即可，而是必须在共同采用协调的造型元素和造型手法、遵循一致的形式美法则的基础上，再运用适当、精巧的手法加以组织，才能形成统一、融洽的整体造型，体现鲜明、和谐的设计风格。

在进行邮轮外观整体造型时，应注意以下设计要点：①确定各局部如烟囱（主烟囱、尾烟囱）、桅杆（前桅、后桅）、卫星通信穹顶以及顶层甲板上的露天活动场所（泳池、阳光浴场、高尔夫球场、漫步跑道、攀岩场地、高空观景台等）的主从关系以及整体的造型规律。例如，前桅杆一般比后桅杆更大，主烟囱比尾烟囱要大。另外，由于邮轮的驾驶舱和前桅杆集中在邮轮前部，为了使邮轮的视觉中心协调，主烟囱一般位于邮轮的中后部。②贯彻既定风格、呼应各个局部。

例如，"海洋绿洲号"（图 11）首部各层甲板的造型和主烟囱造型都以曲线造型为主，相互呼应，而"钻石公主号"（图 12）首部的前甲板围墙造型和主烟囱造型都以较大圆弧面造型为主，也相互呼应。

3　邮轮外观设计的通用性流程和方法

3.1　邮轮通用性造型设计流程

基于前期的邮轮设计研究，可将其通用性造型设计流程归纳为设计输入、设计调研、设计定位、设计实践和设计评价 5 个部分。

首先充分学习和了解设计要求，包括邮轮设计的主要性能指标、基本尺寸、主要设备等内容，对设计对象有一个充分的认识；其次开展设计调研工作，包括同类型邮轮的造型特点、游客需求，以及可用于邮轮的新技术、新材料等，为设计定位和设计实践提供依据和技术支撑；接着根据前期的调研和设计要求确定邮轮定位；最后根据上述定位和要求，开展邮轮外观造型设计实践工作，包括功能布局设计、关键特性线设计、三维造型设计、涂装设计等内容。在这一过程中，还需要对每一阶段的设计研究成果进行评价和验证，以保证从设计输入到设计输出的一致性。

3.2　邮轮通用性造型设计方法

在邮轮设计调研阶段（图 13），对同类型邮轮造型特点进行分析时，可从搜集的邮轮产品图片中选取最具代表性的图片作为分析样本，对样本进行归纳分析，得出 8 个（由 4 对相反意思的形容词组成）邮轮造型特征的关键形容词。也可借助扎根理论编码分析，对与船东和邮轮游客的访谈、

图 13　邮轮通用性造型设计调研阶段

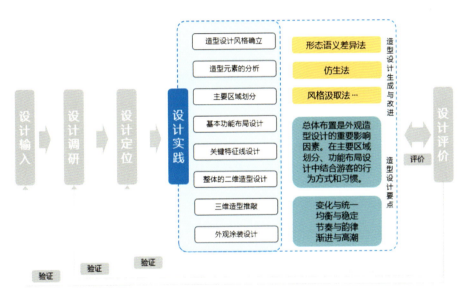

图 14　邮轮通用性造型设计实践阶段

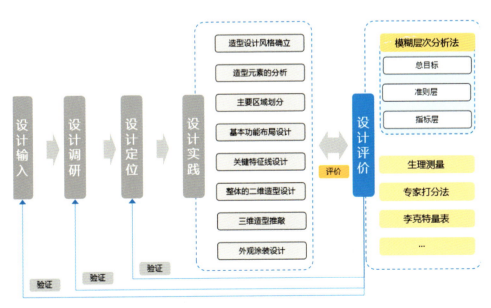

图 15　邮轮通用性造型设计评价阶段

调研问卷等初始调研信息进行提取、比较和组配，形成初始概念，并进一步通过核心编码与关联编码技术挖掘船东和邮轮游客的潜在需求。

在邮轮设计实践阶段（图 14），通常可使用形态语义差异法、仿生法、风格汲取法等方法进行方案推敲。形态语义差异法是针对产品所表达的语义进行评估，可在邮轮外观设计初步阶段，对新设计的邮轮造型在语义类型上进行初期评估。仿生法是取材于自然的设计方法，可分为形态仿生、功能仿生、视觉仿生和结构仿生四类，设计师需要通过对自然事物的特点、结构等的理解和分析，经过糅合、提取，来进行邮轮创新设计。风格汲取法是指从具有借鉴意义的传统邮轮造型设计中汲取设计元素，融入现代的文化造型风格，产生新的设计形态，使其更具有精神价值。例如，在打造具有民族特色的船只时，从古代风帆船舶中汲取造型元素。

这一阶段在实现造型设计与改进设计时，可考虑以下几点设计原则：

（1）变化与统一：相对于统一感而言，邮轮造型更容易自发地形成变化之感，所以在设计中，更侧重于体现变化中的统一。造型中突出邮轮的个性特征部分，形成富有动感的变化，这种变化与统一适度地结合，可以改变过分统一所带来的呆板、单调之感，增强美感的持久性。

（2）均衡与稳定：均衡与稳定是邮轮造型设计的重要特性之一，可实现邮轮功能与美学的统一。在造型中为突出这一特性，通常应先强调均衡，以保证邮轮在立面造型上的视觉稳定感。邮轮作为以实用功能为主的产品，实际稳定关乎邮轮性能，视觉稳定则涉及人的心理感受，稳定的形态给人以安全、宁静的感觉。邮轮稳定感可通过均衡对称的造型、色彩的轻重、各元素的位置关系、装饰的形式、形体分割等方法实现。

（3）节奏与韵律：它是一种有规律的、周期性重复变化的运动所产生的形式美，运用在造型中可以使形体产生层次丰富多变的美感，同时这种美感会由于近大远小的透视作用得到加强。

（4）渐进与高潮：邮轮是一个高体验的旅游载体，其不仅要表现出空间上的艺术性，同时也需要实现时间上的艺术性。在邮轮的外观造型设计中，可通过顶层甲板设施的特征、区域的布置规划提升设计亮点。

在邮轮设计评价阶段（图 15），通常可使用模糊层次分析法进行评价。模糊层次分析法（FAHP）是一种定性与定量相结合的系统分析方法。该方法能够量化评价指标，能够为最优方案的选择提供依据。模糊层次分析法的基本思想是根据多目标评价问题的性质和总目标，把问题本身按层次进行分解，构成一个由下而上的梯阶层次结构。借助模糊层次分析法建立邮轮设计评价指标体系，构建 FAHP 法中的判断矩阵（空间布置、尺度、色彩、造型、材质等），并对指标层的评价指标进行权重的计算，利用判断矩阵对准则层（舒适度、体验度、艺术性、规范性）进行权重的计算，进而对权重进行综合，得出邮轮设计总目标的权重值。

4 相关船舶设计实践

4.1 大型双体帆船设计

帆船产业作为滨水城市经济发展和文明进步的一项重要标志，是改变国内滨水城市形象、拉动其经济转型发展的重要载体，但在我国尚未得到应有的重视。2019 年 9 月 17 日，国务院办公厅印发《关于促进全民健身和体育消费推动体育产业高质量发展的意见》（以下简称《意见》），该《意见》对体育产业进行了重新定位，使体育产业、帆船产业成为城市建设与发展的"刚性需求"和"硬性指标"。

基于上述设计流程与设计方法，笔者设计了一艘面向年轻人群，集海上休闲、娱乐于一体的大型双体帆船（图 16）。全船长 105 米、宽 42 米、总高 70 米。该大型双体

图 16 大型双体帆船设计

帆船节能、环保，拥有六面搭载太阳能面板的硬质风帆，能有效地将风能、太阳能转化为电能，能为 300 位乘客和船员提供充足的能源保障。

在造型上，以鲸鱼在海洋中自由翱翔的形态为意象，提炼其优雅、自由的特征，通过抽象的方式将其应用于主船体、上建舷墙等重要特征部位中。在功能设置上，以自由、勇往直前为主题，布置了舞台、潜水培训区、泳池、种植区等具有一定竞技和休闲功能的活动空间。设置植物种植区，既可以种植原生态蔬菜，供船员及游客食用，又能够将其作为绿色景观，为游客在茫茫的大海上增添一些生气。硬帆采用分段式设计，硬帆出现断裂时，仍可以维持工作状态，同时硬帆可通过电机驱动，实现 360 度自由旋转，提升风能效率。

4.2　"三沙 2 号"交通补给船设计

基于上述设计流程与方法，笔者还设计了一艘定位于南海海域，集综合运输、科学考察、应急救援、休闲观光等功能于一体的交通补给船（图 17）。该船结合了南海海域的地理位置和文化特色，以"七星屿"为元素，对邮轮涂装进行主题设计，象征了南海的和平与稳定。

图 17　"三沙 2 号"交通补给船设计

该船在设计上，设有直升机降落平台，能够起到海上应急救援的作用；设有货物舱室，能够提供汽车等私人交通工具的运输服务，满足游客在目的地自驾游的需求。除此之外，该船设计以折线作为基本造型元素，笔者通过穿插、重复、排列的设计手法，将其应用于侧面舷墙及各组合构型上，使得整船造型统一又富有韵律。设计中直线和曲线的运用既体现了船的威严端庄又体现了船的亲和优雅，船身涂装设计也体现了其地域特色。该船设计受到委托方评审人员的一致好评，最终由中船集团旗下广船国际有限公司建造完成，并于 2019 年 7 月 31 日在文昌市签字交付给海南省三沙市人民政府。

5　结语

通过对邮轮等船舶的外观设计研究与设计实践，总结出了以下几条设计经验：

（1）邮轮等船舶外观虽然存在一般性的通用设计流程和方法，但由于其类型、功能、尺度、性能等存在差异，其基本造型、风格、设计方法也不尽相同。

（2）"美学＋工程"的设计协作模式是实现邮轮等船舶设计外在艺术美（审美、秩序、象征等）和内在功能美（稳定、安全、性能等）双重目标的重要途径。

（3）邮轮等船舶设计美学，不仅仅要解决视觉上的艺术体验性问题，还应该解决其设计的舒适性、布局的合理性、功能的可行性等问题。

"中国风"纹样图案在豪华邮轮中的
现代演绎与创新应用

张禹

张禹，武汉理工大学艺术与设计学院博士研究生。

随着国内居民收入水平的提高和消费升级，越来越多的人开始寻求新的旅游体验，邮轮旅游以其独特的体验、高性价比成为新的旅游选择，促使市场对邮轮的需求不断增长。另外，我国近年来推出了一系列政策，支持海洋经济和邮轮产业发展，鼓励国内企业参与到邮轮的设计与制造中，推动国内邮轮产业链的完善。本文主要探讨"中国风"纹样图案在豪华邮轮中的现代演绎与创新应用。"中国风"纹样图案具有浓烈的传统文化色彩，如何将其融入邮轮的装饰设计中，在保留其独特传统文化魅力的同时又不失现代感，是有待深入探讨的课题。本文通过对传统纹样的核心元素与现代审美趋势的分析发现，传统纹样博大精深的文化内涵与独特的艺术风格，在现代化应用的过程中需与时俱进。因此，本文归纳出一系列平衡传统文化与现代化设计表达的策略，以期为打造具有中国传统文化价值的邮轮提供更具体的思路与方法；以现代视角重新审视传统文化符号，使其焕发新的生机与活力，从而在当代社会中具有更广泛的影响力和传播价值。

1 "中国风"纹样图案与邮轮溯源

中国风的纹样图案起源于原始社会，距今已有六七千年的历史。这些纹样图案最初是由彩陶上的装饰纹样发展而来的，主要包括动物、植物和几何图形等。在商周时期，出现了一种被称为"饕餮纹"的纹样，这种纹样具有非常狰狞和威严的特点。到了春秋战国时期，受道家思想的影响，出现了一种被称为"蟠螭纹"的纹样，这种纹样具有非常独特的风格。在汉代，"云气纹"开始流行起来，这种纹样是从蟠螭纹或鸟纹发展演变而来的。

同时，汉代还出现了一种被称为"四神纹"的纹样，它以青龙、白虎、朱雀、玄武四种神像为主题，表达了当时人们对于神秘和超自然的向往。南北朝时期，飞天开始出现在佛教美术中，这种图案在佛教文化中具有非常独特的艺术风格。唐朝时期，由于国力强盛和文化繁荣，出现了许

图 1   "泰坦尼克号"邮轮内装效果

多华丽和雄伟的纹样，如龙凤呈祥、花开富贵、山水风光等。在宋代，则出现了更加注重自然、简洁和清新的风格，如梅兰竹菊、岁寒三友等。元明清时期，由于外来文化的影响和融合，出现了更具民族特色的纹样图案，如龙生八子、八吉祥等。

总之，中国风的纹样图案在不同的历史时期都有着不同的特色和发展。这些纹样不仅代表了中国传统文化的精髓，也为现代设计提供了宝贵的灵感。

邮轮可以追溯到 19 世纪初期。1830 年一艘名为"不列颠号"（Britannia）的轮船从英国南安普敦出发，穿越大西洋，前往美国纽约，这艘船被认为是第一艘现代意义上的邮轮。在此之前，邮件和人员通常需要依靠多艘小型船只进行多次中转才能到达目的地，而邮轮的出现改变了这种状况。1840 年，英国成立了第一家提供定期航线的邮轮公司 P&O，推出了多条从南安普敦和利物浦出发的跨大西洋航线。19 世纪中叶，随着工业革命的进展、造船技术的提高和跨国贸易的增长，邮轮逐渐成为一种重要的运输工具。

1885 年后，包括法国、英国、美国、德国、意大利和斯堪的纳维亚国家在内的许多国家都在争夺北大西洋的邮轮业务，每天有多班客轮在这条航线上对发。到了 20 世纪，邮轮产业得到了进一步的发展。例如，1912 年，白星航运公司推出了"泰坦尼克号"邮轮（图 1），这艘邮轮被称为"世界上最豪华的邮轮"，其装饰和设施都是当时最先进的。

随着时间的推移和技术的不断进步，邮轮业也在不断发展壮大，并成为现代旅游业的重要组成部分。

2 "中国风"纹样图案与邮轮装饰设计的互动关系

2.1 空间氛围的营造

随着中国风的流行和邮轮市场的扩大，中国风纹样图案在邮轮内部装饰设计中的应用将越来越广泛。无论是船体设计、艺术品装饰、餐饮文化还是娱乐活动，都可以看到中国风纹样图案的身影，而且其应用方式更加多样化。

中国风纹样图案具有很强的象征意义和情感色彩，具有深厚的文化内涵和情感寓意，能够营造出特定的空间氛围，来丰富人们的情感体验。将其应用在邮轮装饰设计中，可以营造出独特的文化氛围，让乘客在旅途中更好地感受中国文化的魅力。

2.2 文化体验的升级

中国风纹样图案不仅具有美学价值，还具有深厚的文化内涵和情感寓意。在邮轮装饰设计中，使用中国风纹样图案可以让乘客更好地了解和感受中国文化的魅力，同时也能够提升乘客对邮轮的好感度和信任度，从而提高邮轮的品牌价值和市场竞争力。在邮轮的外观和内部设计中，中国风纹样图案被大量使用，如龙、虎、凤、鹤、鱼等传统图案，以及卷草纹、云纹、雷纹等具有中国特色的纹样。这些图案赋予了邮轮浓厚的东方韵味，使中国游客容易产生亲切感和归属感。

2.3 设计美学的表达

豪华邮轮内部的不同区域有不同的功能，如餐厅、休息区、走廊等。在应用中国风纹样图案时，需要考虑不同区域的功能需求，使纹样图案与功能之间能够协调一致。例如，在餐厅区域可以运用花鸟图案，营造轻松愉悦的用餐氛围；在休息区域可以运用波纹元素，营造宁静舒适的休息环境；在船身设计上，可将中国风纹样图案，如龙、凤、狮子、云朵等，融入船身设计，使邮轮外观具有鲜明的中国特色；在内部装饰上，如屏风、花窗、窗帘等，可使用中国传统的水墨画、书法作品等作为装饰。

2.4 实用艺术的融合

中国风纹样图案是一种具有深刻文化内涵和艺术价值的传统艺术形式。将其应用在邮轮装饰设计中，能够提升邮轮整体的艺术气息和美感。同时，这种融合也意味着东西方艺术的交流和对话，可为乘客带来更加丰富和多元的视觉体验。邮轮装饰设计非常注重实用性，需兼顾设计的功能性和舒适性。不仅要注重纹样图案的美感和艺术价值，同时也需考虑其在实际使用中的实用性和耐久性。例如，在邮轮内部的通道和楼梯等公共区域，可以运用中国风纹样图案作为地毯图案，既美观又具有导视作用。

3 "中国风"纹样图案在邮轮装饰设计中的现代演绎与应用策略

3.1 图案设计与转化

通过对传统纹样的提取、转化和再设计，可以让其与现代设计理念和技术相结合，创新出既保留中国传统文化特色又具有现代感的装饰设计作品（图2），从而满足现代人的审美需求。亦可创造出独特的风格和个性化特征，增加邮

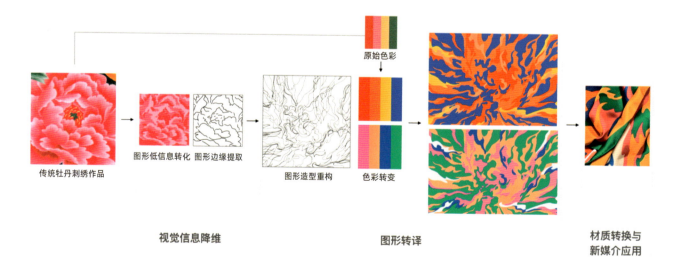

传统牡丹刺绣作品　图形低信息转化　图形边缘提取　图形造型重构　原始色彩　色彩转变

视觉信息降维　　　图形转译　　　材质转换与新媒介应用

图2 装饰图案的现代设计过程

图3　传统牡丹图案的现代演绎

轮的辨识度和特色。

（1）几何与简化：即将中国风纹样图案进行几何化处理，用简洁的线条和几何形状来表现纹样图案的美感和特点。这种设计方法既保留了中国传统文化的韵味，又符合现代审美观念，能够更好地融入现代邮轮装饰设计中。例如，将复杂的花卉图案简化为几何形状的线条，既保留了图案的特点又不过于烦琐；将传统曲线形态的纹样转化为直线、圆形、方形等几何图形，从而创造出更加现代化的图案；在云纹图案中引入几何线条，使整体图案更加简洁而富有现代感。从传统图案中提取出关键图形元素，既保留了传统文化的元素，又赋予了现代图案更多的层次和创意。

（2）抽象与解构：即将中国风纹样图案进行抽象化处理，突出其主要特征和美感，让纹样图案更加简洁、明快，更具现代感（图3）。这种设计方法可以通过提取中国风纹样图案的核心元素，以更加抽象的方式表现出来，形成独具特色的现代装饰设计。亦可通过夸张、变形等手法，将纹样图案的形态元素进行抽象化处理，突出其主要特征和美感。再者可通过分析传统纹样的结构特点，将其进行解构，突出其结构的美感和特点。这种设计方法可以突出中国文化的多样性和包容性，让邮轮装饰设计更具现代感和创新性。这种抽象解构后的图案可以应用于墙壁装饰、家具等，为船舶内部创造出独特的艺术氛围。

3.2　创新材质与技术

在将中国风纹样图案应用于邮轮的内部装饰设计中时，材质选择是一个关键的因素。通过创新的材质选择，可以为设计带来更丰富的视觉效果，同时也能强化"中国风"的文化氛围。

（1）新型材料的应用：随着科技的不断发展和新材料的涌现，可以尝试将新型材料应用于邮轮装饰设计中，以创造出更加独特、新颖的视觉效果。例如，使用金属、玻璃、陶瓷等现代材料，结合数字化技术，可以创作出更加立体、生动且富有科技感的中国风纹样图案。此外，还可以尝试将中国风纹样图案与现代艺术结合，创作出更具现代感和个性化的装饰设计。

（2）创新技术的介入：可以运用各种创新技术来增强邮轮装饰设计的表现力和感染力，数字化技术为中国传统纹样图案的创新和再设计提供了有力的技术支撑。例如，可以利用虚拟现实（VR）技术，让乘客能够更加深入地了解和体验中国传统文化；还可以运用3D打印技术来制作具有中国风特色的装饰品和家具，以增强邮轮装饰设计的个性化。

（3）传统工艺的创新：在邮轮装饰设计中，可以考虑将中国传统纹样图案与国际流行的材料和技艺相结合，以创造出更加国际化、多元化的装饰设计。例如，利用计算机辅助设计技术对传统的手工雕刻技艺进行现代化升级，将中国

图 4　敦煌主题图案的现代演绎

的传统纹样图案与欧洲的壁纸相结合，或者将中国传统的雕刻技艺与美国的浮雕技术相结合。

3.3　丰富的色彩与情感

　　色彩搭配是中国风纹样图案现代演绎的一个重要方面。可以通过色彩搭配，如采用对比色、近似色或冷暖色调的搭配，来使纹样图案更加生动、有趣。同时，色彩搭配也可以用来突出装饰设计的重点和营造整体氛围（图 4）。

　　（1）色彩的象征：不同的色彩有着不同的象征意义，如红色象征着热情、喜庆和爱情，黄

图 5　传统装饰图案在空间中的应用

色象征着明亮、华贵和权力等。在邮轮装饰设计中，可以运用色彩的象征意义来传达设计所要表达的情感和主题。例如，在船舱的墙壁上使用温暖的色调，可以营造出温馨、舒适的氛围。

（2）色彩的情绪：不同的色彩对人的心理和情感会产生不同的影响。例如，暖色可以让人感到温暖、兴奋和活力，而冷色则可以让人感到冷静、安宁和沉稳。在邮轮装饰设计中，可以通过对色彩心理学的运用，来调整和引导乘客的情感状态。例如，在船舱的休息区使用淡雅的冷色调，可以营造出平静、安宁的氛围。

（3）色彩的搭配：不同色彩之间的搭配可以产生不同的效果。可以使用对比色来突出某一区域的视觉效果，如红色和绿色搭配，可以营造出更加鲜明的对比效果。同时，也可以使用近似色或同一色系的颜色来营造出和谐、统一的视觉效果。亦可选择现代、亮丽的配色方案，如橙色与蓝色的组合、紫色与绿色的对比等。这些亮丽的色彩搭配可以为内部空间注入活力和活泼感。另外，高对比度的色彩搭配可以营造出强烈的视觉冲击力。

（4）色彩的个性：在邮轮装饰设计中，还可以考虑将具有地域特色的色彩融入其中。例如，中国传统的水墨画常用的黑白灰、中国红等色彩，可以通过对这些色彩的运用，传达出中国文化的独特魅力。通过对不同地域的色彩的研究和分析，并将其融入邮轮装饰设计中，可以更好地展现出地域文化的特色。

3.4　空间布局与层次表达

在邮轮装饰设计中，空间布局与层次感的营造也是体现地域特色的一个方面。可以尝试结合具有地域特色的建筑空间布局来设计邮轮的内部空间。通过合理的空间布局和层次感的营造，可以更好地将中国传统纹样融入邮轮装饰设计中，提高整体的设计水平和观赏价值（图5）。

（1）空间布局：在邮轮装饰设计中，空间布局是指纹样图案在邮轮空间中的位置、大小、形态等方面的规划和安排。在中国风的装饰设计中，应根据不同空间的功能、大小和形态，结合中国传统纹样的特点，进行合理的空间布局。

例如，可以在船舱的墙壁上设计以山水画为主题的纹样，以营造宁静、悠远的氛围；在船舱的窗户上设计以花鸟画为主题的纹样，以增添生气和活力。

（2）层次表达：在邮轮装饰设计中，层次是指纹样图案的深度、立体感、前后关系等方面的表现。在中国风的装饰设计中，应充分运用层次感来增强纹样图案的表现力和立体感。例如，可以在船舱的吊顶上设计以云纹为主题的纹样，以增强空间的深度感和层次感；在船舱的墙壁上设计以龙凤纹为主题的纹样，以突出主题形象和立体感，亦可通过采用中式建筑的布局和隔断等方式来营造出中国传统的空间氛围和层次感。

4　结论

"中国风"纹样图案作为中国传统文化的重要组成部分，具有独特的历史和文化内涵。在邮轮装饰设计中，这些图案不仅展示了中国文化的多样性，同时也为乘客带来了别具一格的艺术享受和文化体验。在邮轮装饰设计中，"中国风"纹样图案通过营造空间氛围、升级文化体验、表达设计美学和融合实用艺术等方式，与邮轮设计形成了紧密的互动关系。这些纹样图案不仅为邮轮设计提供了丰富的视觉元素，同时也增强了邮轮作为文化载体的表现力。在图案设计与转化方面，通过几何与简化、抽象与解构等手法，可以对传统"中国风"纹样进行创新设计，以适应当代人的审美需求。此外，通过新型材料的应用、创新技术的介入以及传统工艺的创新，可以进一步丰富"中国风"纹样在邮轮装饰设计中的应用方式。色彩作为"中国风"纹样图案的重要元素，具有鲜明的象征意义和情绪表达作用。合理搭配色彩可以营造出独特的氛围和情感，同时也可以突出纹样的个性特征。在空间布局与层次方面，通过巧妙的空间布局和层次感的表现，可以进一步增强"中国风"纹样图案在邮轮装饰设计中的艺术效果和视觉冲击力。

总之，"中国风"纹样图案在邮轮装饰设计中具有重要的应用价值和潜力。通过深入研究其历史文化背景、传承以及现代演绎与应用策略等方面，可以为邮轮产业的创新发展提供新的动力，为打造具有中国传统文化的豪华邮轮提供新的思路与方法，也能够弘扬和传承中华优秀传统文化。